Sumário

Blitz Lulu Santos

Ritchie Raul Seixas

Chico Science & Nação Zumbi

Sempre Livre

Jota Quest Ira!

Caetano Veloso

Ed Motta Skank

Nenhum de nós

RPM Rita Lee

Los Hermanos

Cazuza Tim Maia

Roberto Carlos

Baby do Brasil

Herva Doce

Marina Gal Costa

Capital Inicial

Eduardo Dusek

Picassos Falsos

Ultraje a Rigor

Pato Fu Titãs

Angela Rô Rô Kid Abelha

Gilberto Gil 14 BIS

Léo Jaime

Fernanda Abreu

Biquini Cavadão Os Incríveis

Mamonas Assassinas

Prefácio

Quem perdeu o primeiro livro, deve correr atrás - mas não precisa pressa. Afinal, encontra também aqui, nesse Volume 2 de O Melhor do Rock Brasil, um desfile do que esses jovens, com guitarras nas mãos e muitas idéias na cabeça, andaram aprontando no país nos últimos 40 anos.

Mesmo que alguns defensores da "pura" e "verdadeira" MPB torçam o nariz, a verdade é que se está diante de um fenômeno impossível de ser ignorado. Ainda mais quando se invoca o primeiro nome - na ordem cronológica, diga-se de passagem - dessa nova seleção: Roberto Carlos que, com o tempo, tornou-se o grande cantor romântico brasileiro, mas começou sua carreira como *rocker* de primeira hora. Junto com Erasmo Carlos, foi responsável por um punhado de clássicos do cancioneiro brasileiro. Entre eles, *É proibido fumar*, música que resume uma das características mais importantes do rock nacional: a de refletir em suas letras os problemas, dilemas, anseios, inquietações e amores de uma geração de jovens. E isso de forma quase jornalística: "em cima da lata", para não deixar os assuntos ficarem ultrapassados. Como boa obra de arte, *É proibido fumar* conseguiu ir além do seu tempo. A "brasa" que Roberto mandou em plenos anos 60, nem bombeiro pôde apagar. Fato é que, três décadas depois, a canção provocou outros incêndios na versão *dancehall* dos mineiros do Skank.

Além da questão comportamental, fervilhante como nunca, os jovens clamavam por pacifismo. Em vez de ser uma época de paz e amor, o mundo vivia assolado por guerras que consumiam as vidas de soldados ainda pouco mais que adolescentes nas trincheiras do Oriente. Disso, falaram os italianos Luisini e Migliacci em música que, na versão dos Incríveis (ex-The Clevers), ganhou o título *Era um garoto que como eu amava os Beatles e os Rolling Stones*. A história do rapaz que se viu obrigado a trocar a guitarra por "um instrumento que sempre faz a mesma nota, ratatatá" tornou-se , infelizmente, atemporal (como a guerra da Bósnia, com seus soldados vestindo camisas dos Stones, mostrou ao mundo), e foi ganhando novas versões no Brasil anos a fio, sendo a mais clássica a que os gaúchos dos Engenheiros do Hawaii fizeram no começo dos anos 90.

Para se falar em revoluções de comportamento através do rock, seria um crime não citar Rita Lee. Aquela que certa vez escandalizou a platéia de um festival com os Mutantes, vestida de noiva grávida, acabaria fazendo, anos depois, uma de suas mais biográficas músicas, a balada folk *Ovelha negra*, que fala de como todo garoto roqueiro se sentia nos anos 70, década em que a sociedade ainda vivia sufocada por toda a sorte de preconceitos - inclusive, dentro da própria família. A cantora seguiria como antena de sua geração em *Nem luxo nem lixo*, em parceria com o marido Roberto de Carvalho, também incluída neste volume II. "Meu sonho é ser imortal", canta ela na música. E pode ter certeza, Rita, de que por essa e por outras, a imortalidade já lhe foi garantida.

Outros seguiram desafiando as regras e os bons costumes com a música em volume dez. Da Bahia, podem ser destacados dois nomes: o do *rocker* por religião Raul Seixas que, com *Ouro de tolo*, fez uma das melhores radiografias do Brasil no período do chamado "milagre econômico", e o dos Novos Baianos.

Da mesma forma que se angustiava por não querer "ficar sentado no trono de um apartamento com a boca escancarada cheia de dentes esperando a morte chegar", Raul Seixas sabia ser irreverente. Em *Al Capone*, por exemplo, feita com o parceiro Paulo Coelho, com muito rock na veia, Raul transpôs para um ambiente de baianidade a história do gângster americano.

Também lá de Salvador vieram os Novos Baianos (de Moraes Moreira, Baby Consuelo e Pepeu Gomes), com *Dê um rolê*, sucesso na voz da conterrânea Gal Costa no célebre show "Fa-tal". "Não se assuste pessoal se eu lhe disser que a vida é boa", propõe a canção (mais tarde regravada por Zizi Possi), uma das várias que ajudaram a trazer os furiosos acordes de Jimi Hendrix para a música do país.

Com a chegada dos anos 80, o rock brasileiro respirou novos ares. E por eles voava o 14 Bis, com a sua alto-astral *Linda juventude*. Lulu Santos ajudava também a compor esse cenário de céu azul com a pérola pop *Um certo alguém*. Já Angela Rô Rô emprestava a dose necessária de melancolia com a bela *Só nos resta viver*. Havia ainda naquele começo de década um bom espaço para o humor. Quem deitou e rolou foi o goiano Léo Jaime, que sugeria às madames trocarem os seus totós por crianças pobres no *Rock da cachorra*, música lançada pelo não menos bem-humorado Eduardo Dussek. Mais tarde, em carreira solo, Léo voltaria romântico, mas continuava divertido, em parceria com o ex-Kid Abelha Leoni, na música *A fórmula do amor*, que ganhou as rádios em dueto com a vocalista do Kid, Paula Toller.

O começo dos anos 80 também foi marcado pela invasão de uma garotada ansiosa por mandar seu recado usando o rock como instrumento. Surgiram bandas como a Blitz, que iniciou seu estouro com *Você não soube me amar*, uma espécie de rock-de-breque (ainda não se falava em rap), que contava de forma irresistível a história de um desses desencontros amorosos na Zona Sul carioca. Tempos depois, a crônica da mulher liberada daquela época seria feita pela banda feminina Sempre Livre em *Eu sou free*, outro grande sucesso da década.

Porém, velhos temas, como a mulher fatal, ainda dariam um caldo naquele cenário. Perceberam que havia este espaço o inglês Ritchie, que lançou o clássico do pop romântico brasileiro *Menina veneno*, e o Herva Doce, com *Erva venenosa*, versão do *Poison ivy* feita na época da Jovem Guarda por Rossini Pinto, que voltou a ganhar vida nos 80 e, mais uma vez, em 2000, com Rita Lee. Quem provou desse veneno se intoxicou feliz da vida.

O Rio de Janeiro ainda mostraria outro bom exemplar daquele novo romantismo de Ritchie com o Kid Abelha e a sexy *Como eu quero*, música que enterrava de vez a ingenuidade dos rocks-baladas da década de 1960 com versos como "tira essa bermuda que eu quero você sério".

Caetano Veloso, presença perene na música brasileira, também soube aproveitar aqueles novos ares da música brasileira. Anos antes, na voz de Baby Consuelo, ele havia alcançado sucesso com *Menino do Rio*, ode aos corpos masculinos cariocas talhados pelo surfe. Depois, em moldura roqueira new wave, mais adequada à época, ele perpetrou, com sua própria voz, *Eclipse oculto*, cheia de referências às músicas daqueles roqueiros ("Não me queixo/ eu não soube te amar"), que acabou ganhando uma regravação do Barão Vermelho.

Em São Paulo, à medida que a década de 80 ia chegando à metade, os roqueiros abriam outras frentes temáticas. O RPM, que acabaria por escancarar as portas da indústria para o rock de forma espetacular com seu megasucesso, começou a caminhada com *Louras geladas*, uma espécie de capítulo 2 de *Você não soube me amar*, mais ousado embora também regado a muito chope, e com a política e agitada *Revoluções por minuto*. "Só quero saber do que pode dar certo, não tenho tempo a perder", diziam, por sua vez, na mesma época, os Titãs no reggae *Go Back*, cuja letra foi emprestada do poeta Torquato Neto, ícone do desbunde, que se matou em 1972.

Aquela nova geração de jovens, que começava a sair dos tempos de obscuridade da ditadura e pedia eleições diretas enquanto convivia com a crise econômica, teria outros hinos compostos por paulistanos. Como a bela *Envelheço na cidade*, até hoje o maior sucesso do Ira!, que fala dos jovens que acompanham, impotentes, a passagem do tempo. Ou a irreverente *Rebelde sem causa*, em que o Ultraje a Rigor se aproveita do título do clássico filme com James Dean para fazer uma crônica daqueles adolescentes que, de repente, viram ser subvertida uma regra básica da vida: a de que os pais são sempre fonte de conflito. "Como é que eu vou crescer sem ter com que me rebelar?", cantava Roger Rocha Moreira, o líder, compositor principal e espírito do Ultraje.

Jovens, ah os jovens... Alguns, sem ter absolutamente o que fazer, se entregaram ao... *Tédio*, música em que o Biquíni Cavadão faz a fiel descrição daqueles dias em que horas significam nada, "e você nem troca o pijama, preferia estar na cama". Esse, ao menos, tem cura e não chega a ser um caso médico, como o do *Psicopata*, sucesso do Capital Inicial em seu primeiro disco, de 1986. "Se aparece o Francisco Cuoco, adeus televisão!", vocifera Dinho Ouro-Preto nesse punk rock, herdado dos tempos em que eram apenas garotos de Brasília, que amavam o Clash e os Sex Pistols.

O rock dos anos 80 ainda realizaria boas reflexões sobre a situação sócio-política-comportamental do país, como *Pra começar*, em que Marina pergunta "quem vai colar os tais caquinhos do velho mundo". E *Nos barracos da cidade*, em que outra presença perene da MPB, Gilberto Gil (aqui em parceria com o produtor Liminha), falava dos desvalidos que não tinham mais ilusão no poder da autoridade, que "se pode, não faz questão" e "se faz questão, não consegue". "Você mentiu da mesma forma que os jornais falam da realidade", provoca, por sua vez, a música *Quadrinhos*, dos cariocas Picassos Falsos, uma das melhores bandas da segunda metade da década, junto com os gaúchos do Nenhum de Nós, que se celebrizaram com a bela *Camila, Camila*, a triste história de uma menina perdida. Música que, por sinal, foi gravada pelo grande poeta do rock brasileiro da época, o ex-Barão Vermelho Cazuza. Autor, junto com o barão Frejat, daquele que é talvez o mais fiel retrato de sua geração, *Ideologia*: "Meus heróis morreram de overdose/ Meus inimigos estão no poder/ Ideologia, eu quero uma pra viver!". Prova de que, quando quer, o rock brasileiro pode ser tão contundente quanto Chico Buarque.

Chegam os anos 90 e o rock brasileiro perde de vez todas as suas reservas quanto às misturas com os ritmos nativos. A música carioca - samba, funk, forró etc. – é encontrada, com pegada guitarreira, em *Rio 40 graus*, primeiro estouro da ex-Blitz Fernanda em sua carreira solo. Pouco tempo depois, veio de Recife uma alma gêmea de Fernanda: o saudoso Chico Science, com sua Nação Zumbi, traçando rock pesado, *groove* funkeiro e maracatu em músicas como *Manguetown*, que integra o volume. A década também foi caracterizada por uma certa volta da irreverência no rock, encarnado como nenhuma outra banda pelos Mamonas Assassinas e sua piada-de-português-transformada-em-música, *Vira-vira*, e pelos mineiros do Pato Fu, com *Pinga*, a divertida *tecnotoada*.

Diversidade, eis o que a década de 1990 trouxe para o Rock Brasil. Lado a lado, se podia encontrar a *soul music* de rara sofisticação de Ed Motta em *Fora da lei* (herdeira, sem dúvida, do estilo que foi a marca de Tim Maia, seu tio, em músicas como *A festa de Santo Reis*), o reggae pop do Skank em *Tão seu* e o funk de baixos teores dos também mineiros do Jota Quest em *Encontrar alguém*.

Então, como acabar melhor uma década? Só com uma daquelas músicas que dominam o país, são regravadas até por artistas não roqueiros e chegam à Inglaterra, onde Jim Capaldi (da lendária banda Traffic) resolve fazer uma versão em inglês, chamando para a guitarra seu amigo dos Beatles, George Harrison. Pois esta foi a história de *Anna Júlia* que lançou, em 1999, a banda carioca Los Hermanos.

Alguém ainda duvida do poder do rock brasileiro?

Silvio Essinger

Introdução

Esta publicação apresenta quarenta sucessos do Rock Brasil, transcritos para a pauta musical, na forma em que tornaram-se conhecidos na interpretação do cantor.

Além das melodias cifradas, com as letras alinhadas embaixo, incluí, também, as letras cifradas com acordes para violão, o que torna a publicação mais abrangente, tanto quanto facilita consideravelmente a compreensão e a tarefa de "tirar" a música.

O registro das letras, melodias e cifras reflete com máxima precisão as gravações originais dos CDs. Em algumas músicas, porém, como "Só nos resta viver", "Rio 40 graus" e "Pra começar", entre outras, a divisão rítmica da melodia foi escrita de forma simplificada, a fim de tornar a leitura mais acessível. A música "Ouro de tolo" foi transcrita com a relação letra/compassos já que a divisão rítimica exata do canto tornaria a leitura extremamente difícil em virtude de que Raul Seixas a interpreta quase falando.

Para a notação musical, adotei os seguintes critérios:

A cifragem é descritiva, ou seja, exibe a raiz do acorde e suas dissonâncias.

Quando há um ritornelo e a melodia da volta é diferente da primeira vez, as figuras aparecem ligeiramente menores e com hastes para baixo. Neste caso, a segunda letra é alinhada com as notas para baixo, como demonstra o exemplo a seguir:

D
G
D
G
5
Gos - ta - va de som - bra_e á - gua fres - ca
Vo-cê_é_a_o-ve-lha ne - gra da fa - mí - lia

Se um instrumento solista ou vocal avança por um compasso onde há voz, as melodias são escritas com hastes opostas, sem redução de tamanho.

As convenções de base mais marcantes estão anotadas na partitura, logo acima das cifras, com "x" e losango, correspondendo às figuras pretas e brancas, respectivamente.

Nas letras cifradas, as cifras dos acordes estão aplicadas nos locais exatos onde devem ser percutidas ou cambiadas, como mostra o próximo exemplo. Esta forma é mais conveniente para aqueles que já conhecem a melodia ou para os que não lêem notas na pauta.

D *G* *D* *G*
Levava uma vi_da sossegada
D *G* *D* *G*
Gostava de som_bra e água fres__ca
D *G* *A* *Em* *F♯m* *A*
Meu Deus quanto tem_po eu passei sem sa__ber, hum!

Nos diagramas de acordes para violão, a ligadura corresponde à pestana; o "x", acima de uma corda, indica que a mesma não pode ser tocada; e o pequeno círculo refere-se à corda solta. Alguns diagramas possuem ligadura e "x". Neste caso, toca-se com pestana mas omite-se a corda com "x". As cordas a serem percutidas recebem bola preta ou pequeno círculo.

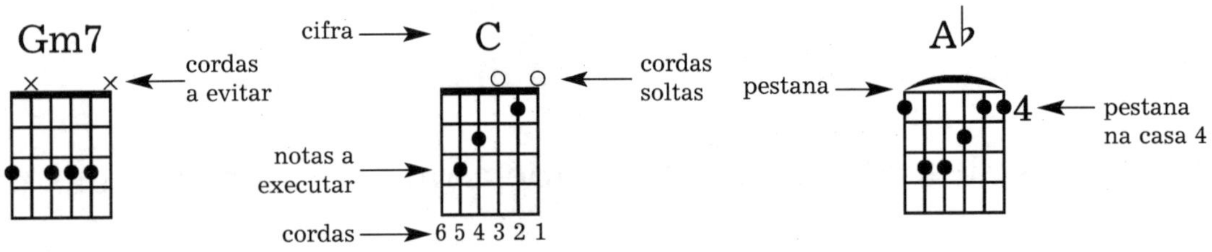

Optei, genericamente, pela utilização de posições de violão consideradas de fácil execução. No entanto, determinadas músicas que possuem baixos caminhantes ou sequências harmônicas de características marcantes exigem acordes um pouco mais complexos, o que estabelece, em contrapartida, maior fidelidade ao arranjo original da música.

Em alguns casos, músicas gravadas originalmente em tonalidades de difíceis leitura e execução para o músico iniciante, tais como D♭ e F♯, foram transpostas um semitom abaixo ou acima, para facilitar.

Luciano Alves

Nem luxo nem lixo

RITA LEE e
ROBERTO DE CARVALHO

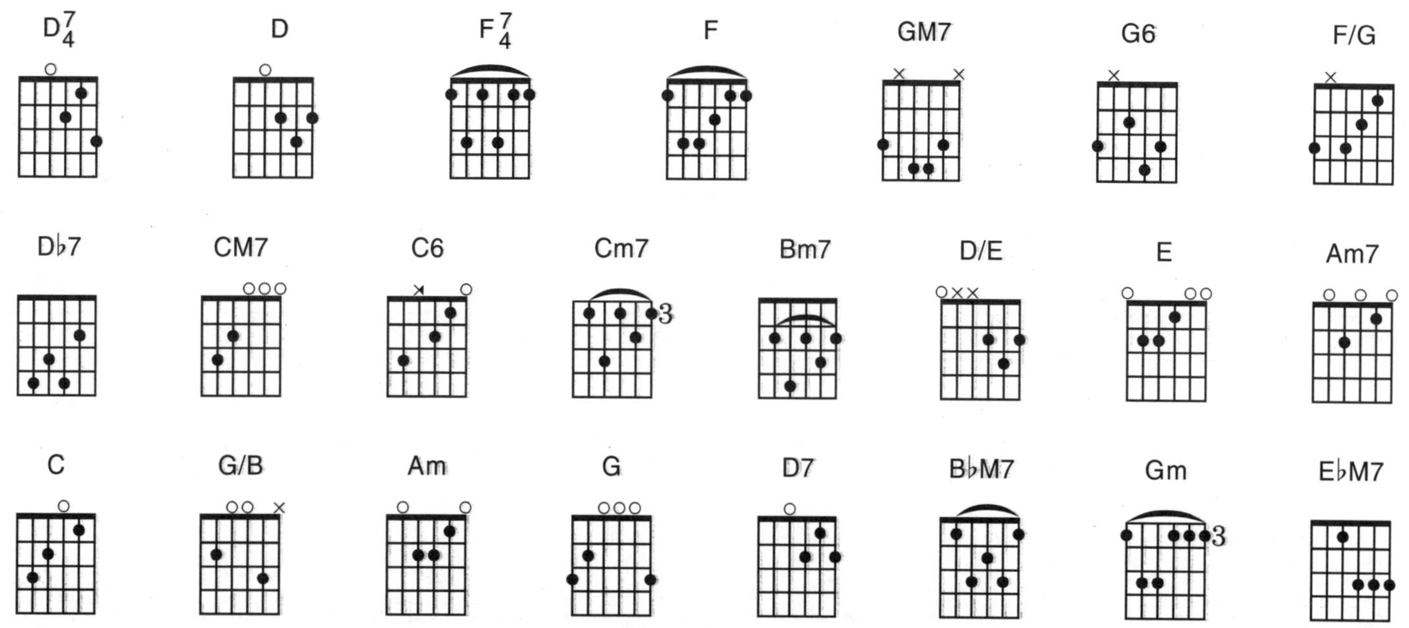

Introdução: **D7 4 D D7 4 D**
F7 4 F F7 4 F
D7 4 D D7 4 D

BIS

```
                      GM7
Como vai você
G6                  F/G
Assim como eu
D♭7                     CM7
Uma pessoa comum
C6                  Cm7
Um filho de De__us
F                   Bm7
Nessa canoa fura__da
                           D/E
Remando contra a maré
E                   Am7  Bm7
Não acredito em na__da
Cm7                   C  G/B  Am  G
Até duvido da fé
```

BIS

```
               CM7  Cm7      Bm7  E
Não quero lu___xo nem li___xo
Am7              D7          GM7
Meu sonho é ser imortal  meu amor
               Cm7  F        B♭M7  Gm
Não quero lu___xo nem li____xo
E♭M7                       D7 4       D
Quero saúde pra gozar  no final
```

Instrumental: **D7 4 D D7 4 D**
F7 4 F F7 4 F
D7 4 D D7 4 D

Como vai você *(etc.)*

Instrumental, repete ad. libitum e fade out:
D7 4 D D7 4 D F7 4 F F7 4 F

Nem luxo nem lixo

RITA LEE e
ROBERTO DE CARVALHO

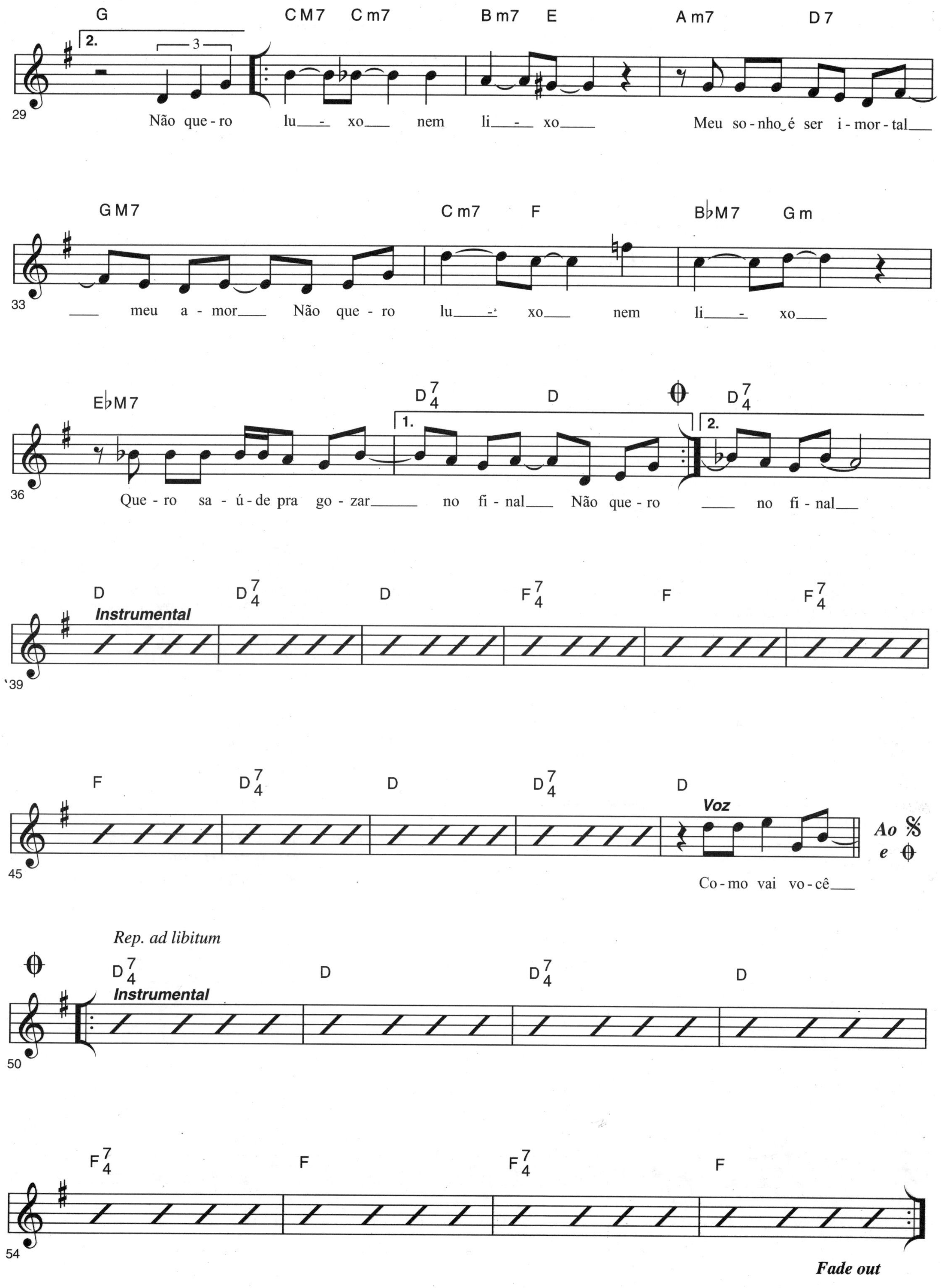
G CM7 Cm7 Bm7 E Am7 D7
2.
29 Não que-ro lu - xo nem li - xo Meu so-nho é ser i-mor-tal
GM7 Cm7 F B♭M7 Gm
33 meu a - mor Não que - ro lu - xo nem li - xo
E♭M7 D7/4 D D7/4
1. 2.
36 Que - ro sa - ú - de pra go - zar no fi - nal Não que - ro no fi - nal
D D7/4 D F7/4 F F7/4
Instrumental
39
F D7/4 D D7/4 D
Voz
45 Co-mo vai vo-cê
Ao 𝄋 e 𝄌
Rep. ad libitum
D7/4 D D7/4 D
Instrumental
50
F7/4 F F7/4 F
54
Fade out

Só nos resta viver

ANGELA RÔ RÔ

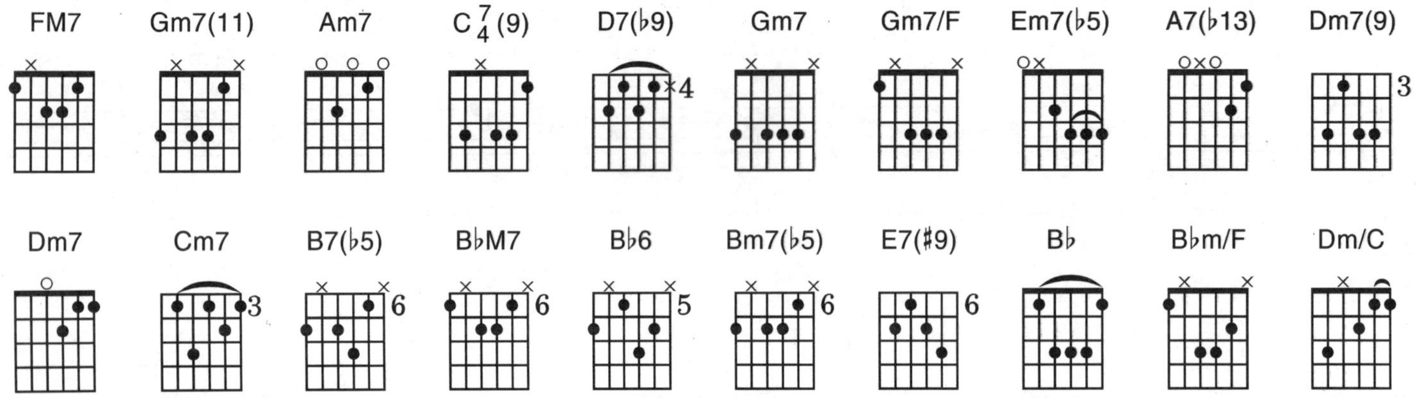

Introdução: **FM7 Gm7(11) Am7 Gm7(11)**
FM7 Gm7(11) Am7 C7 4(9)

FM7 Am7 D7(♭9)
Dói em mim saber

Gm7 Gm7/F Em7(9) A7(♭13) Dm7(9) C7 4(9)
Que a solidão existe e insiste no teu coração

FM7 Am7 D7(♭9)
Dói em mim sentir

Gm7 Gm7/F Em7(9) A7(♭13) Dm7 Cm7 B7(♭5)
Que a luz que guia o teu dia não te guia não

B♭M7 B♭6 B♭M7 Bm7(♭5) E7(♯9)
Quem dera pudesse a dor que entristece

Am7
Fazer compreender

B♭M7 B♭6 B♭M7 Bm7(♭5) E7(♯9)
Os fracos de alma sem paz e sem calma

Am7 C7 4(9)
Ajudasse a ver

FM7 Dm7 Gm7 B♭ FM7 B♭m/F
Que a vida é bela, só nos resta viver

FM7 Dm7 Dm/C B♭M7 C7 4(9) FM7
A vida é bela, só nos resta viver

Instrumental: **Gm7(11) Am7 Gm7(11)**
FM7 Gm7(11) Am7 C7 4(9)

Dói em mim saber *(etc.)*
...A vida é bela só nos resta viver

Instrumental: **FM7 Gm7(11) Am7 Gm7(11)**
FM7 Gm7(11) Am7 C7 4(9)
FM7 Gm7(11) Am7 C7 4(9) FM7

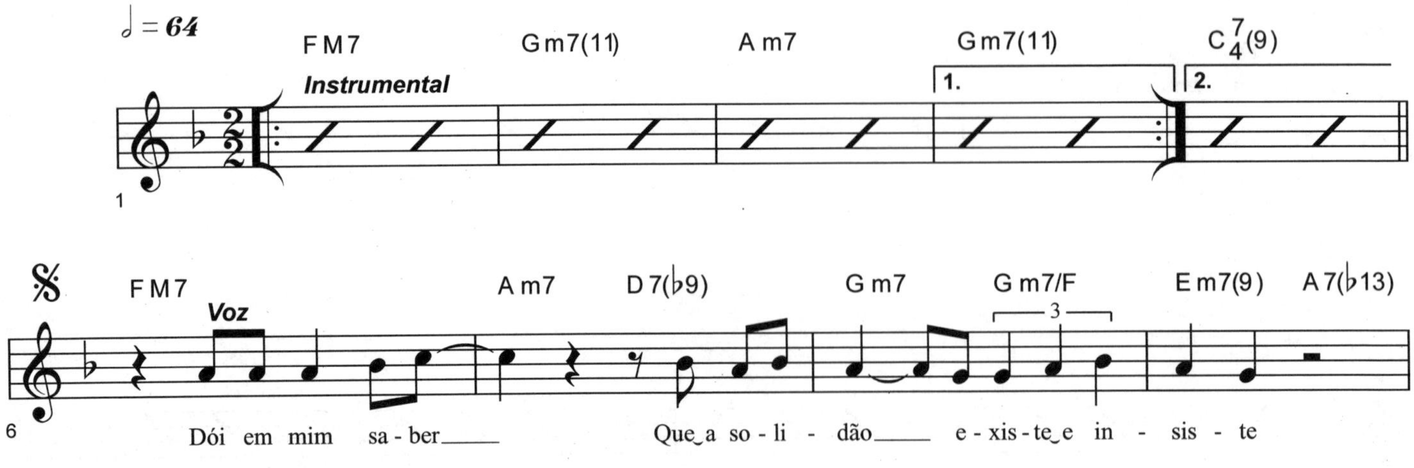

Dm7(9) C7/4(9) FM7 Am7 D7(♭9) Gm7 Gm7/F
no teu co-ra-ção Dói em mim sen-tir Que a luz que-gui-a o teu
Em7(9) A7(♭13) Dm7 Cm7 B7(♭5) B♭M7 B♭6
di-a não te gui-a não Quem de-ra pu-des-se
B♭M7 Bm7(♭5) E7(♯9) Am7
a dor que en-tris-te-ce Fa-zer com-preen-der
B♭M7 B♭6 B♭M7 Bm7(♭5) E7(♯9)
Os fra-cos de al-ma sem paz e sem cal-ma
Am7 C7/4(9) FM7 Dm7 Gm7
A-ju-das-se a ver Que a vi-da é be-la,
B♭ FM7 B♭m/F FM7
só nos res-ta vi-ver A vi-da é
Dm7 Dm/C B♭M7 C7/4(9) FM7 Gm7(11)
Instrumental
be-la, só nos res-ta vi-ver
Am7 Gm7(11) FM7 Gm7(11) Am7 C7/4(9)
Ao 𝄋 e 𝄌
𝄌 FM7 Gm7(11) Am7 Gm7(11) C7/4(9) FM7
Instrumental
1.
2.

Um certo alguém

LULU SANTOS e
RONALDO BASTOS

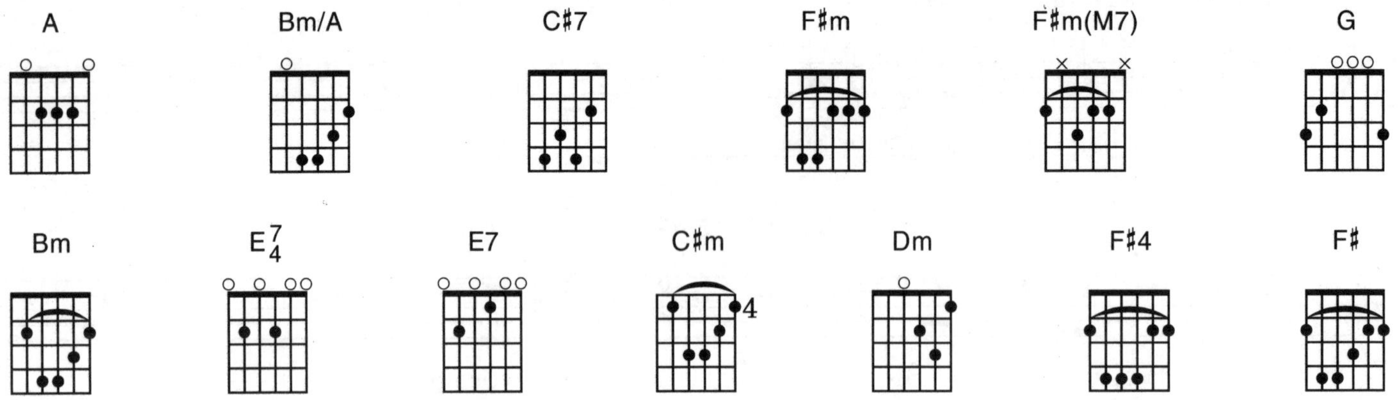

Introdução (2 Xs): **A Bm/A A Bm/A A**
Bm/A A Bm/A A Bm/A

A **C♯7** **F♯m**
Quis evitar teus o__lhos
F♯m(M7) **G** **Bm**
Mas não pu___de reagir
G **E7 4** **E7** **E7 4** **E7**
Fico à vonta__de então

A **C♯7** **F♯m**
Acho que é boba__gem
F♯m(M7) **G** **Bm**
A mani___a de fingir
G **E7 4** **E7** **E7 4** **E7**
Negando a in__tenção

Bm **C♯m** **Dm**
Quando um certo alguém
A **F♯m**
Cruzou o teu cami__nho
C♯m **E7 4** **E7** **E7 4** **E7**
E mudou a direção ô ô ô ô

A **C♯7** **F♯m**
Chego a ficar sem jei__to
F♯m7 **G** **Bm**
Mas não dei__xo de seguir
G **E7 4** **E7** **E7 4** **E7**
A tua apa__rição

Bm **C♯m** **Dm**
Quando um certo alguém
A **F♯m**
Desperta o sentimen__to
C♯m **E7 4** **E7** **E7 4**
É melhor não resistir
E7 **A**
E se en__tregar

F♯m
Me dê a mão
C♯m **E7 4** **E7**
Vem ser a minha estre___la
A **F♯m**
Complicação
C♯m **E7 4** **E7**
Tão fá__cil de entender
A **F♯m**
Vamos dançar
C♯m **E7 4** **E7**
Luzir a madruga__da
A **F♯m**
Inspiração
C♯m **E7 4** **E7** **E7 4** **E7**
Pra tu_do que eu viver

Solo de guitarra: **A C♯7 F♯m**
F♯m(M7) G Bm G E7 4
E7 E7 4 E7

Bm **C♯m** **Dm**
Quando um certo alguém
A **F♯m**
Cruzou o teu cami__nho
C♯m **E7 4** **E7** **E7 4**
É melhor não resistir
E7 **A**
E se en__tregar

Me dê a mão *(etc.)*
...Pra tudo que eu viver

F♯4 **F♯** **F♯4** **F♯**
Que eu viver

Bm **C♯m** **Dm**
Quando um certo alguém
A **F♯m**
Desperta o sentimen__to
C♯m **E7 4** **E7** **E7 4**
É melhor não resistir
A C♯7 A C♯7 A C♯7 F♯m
E se entregar

♩ = 136
A B m/A A B m/A A B m/A A B m/A A
Instrumental
A C♯7 F♯m F♯m(M7)
Voz
Quis e-vi-tar teus o - lhos Mas não pu - de re - a - gir
G B m G E7/4 E7 E7/4 E7
Fi - co à von-ta - de en-tão
A C♯7 F♯m
A - cho que é bo - ba - gem A ma - ni -
Che - go a fi - car sem jei - to Mas não dei -
F♯m(M7) G B m G
-a de fin - gir Ne - gan - do a in -
-xo de se - guir A tu - a a-pa -
E7/4 E7 E7/4 E7 B m C♯m D m
-ten-ção Quan-do um cer-to al - guém Cru -
-ri-ção Quan-do um cer-to al - guém Des -
Quan-do um cer-to al - guém Cru -
A F♯m C♯m E7/4 E7
-zou o teu ca - mi - nho E mu - dou a di - re - ção
-per-ta o sen - ti - men - to É me - lhor não re - sis - tir
-zou o teu ca - mi - nho É me - lhor não re - sis - tir

E7/4 E7 E7/4 E7 A
1. 2.
29
Ô - ô - ô - ô!
E se en - tre - gar Me dê a mão
F♯m C♯m E7/4 E7 A
32
Vem ser a mi - nha es - tre - la Com - pli - ca - ção
Lu - zir a ma - dru - ga - da Ins - pi - ra - ção
F♯m C♯m E7/4 E7 A
1.
36
Tão fá - cil de en - ten - der Va - mos dan - çar
Pra tu - do que eu vi - ver
E7/4 E7 A C♯7 F♯m F♯m(M7) G Bm G
2.
Solo de guitarra
40
Ô-ô-ô - ô-ô!
E7/4 E7 E7/4 E7
Ao 𝄋 (casa 2) e 𝄌
C♯m E7/4 E7 E7/4 E7
48
50
do que eu vi - ver Que eu vi - ver!
F♯4 F♯ F♯4 F♯ Bm C♯m Dm
53
Oh! Oh! Quan - do um cer - to al - guém Des -
A F♯m C♯m E7/4 E7 E7/4 E7
57
-per - ta o sen - ti - men - to É me - lhor não re - sis - tir E se en - tre - gar
A C♯7 A C♯7 A C♯7 F♯m
Instrumental
62

Rock da cachorra

LEO JAIME

G C7 D7

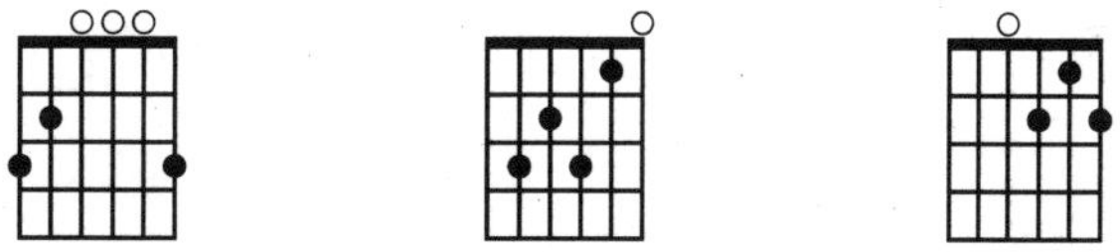

Introdução:

G C7 G D7
Uaú! Uaú! Uaú! U!
G C7 G D7
Uaú! Uaú! Uaú! U!

G
Uaptchubah! Uapaptchubah!
C7
Uaptchubah! Uapaptchubah!
G D7 G
Uaptchubah! Uauauauauau!
G
Uaptchubah! Uapaptchubah!
C7
Uaptchubah! Uapaptchubah!
G D7 G
Uaptchubah! Uauauauauau!

REFRÃO:

G C7 G
Troque seu cachorro por uma criança pobre
C7 G
Sem parente, sem carinho, sem rango, sem cobre
D7 C7 G
Dei_xe na história de sua vida, uma notícia nobre

G
Troque seu cachorro
Troque seu cachorro
C7
Tro__que seu cachorro
G
Troque seu cachorro
D7 C7 G
Tro_que seu cachorro por uma criança pobre

G
Tem muita gente por aí
Que tá querendo levar uma vida de cão
C7
Eu conheço um garotinho
G
Que queria ter nascido pastor alemão

D7 C7
Es_se é o rock-despedida
G
Pra minha cachorrinha chamada Sua Mãe

G
É pra sua mãe (é p' sua mãe)
É pra sua mãe (é p' sua mãe)
C7
É pra sua mãe (é p' sua mãe)
G
É pra sua mãe
D7 C7 G
Es_se é o rock-despedida pra cachorra sua mãe

G
Seja mais humano
Seja menos canino
C7
Dê guarida pro cachorro
G
Mas também dê pro menino
D7
Senão um dia desses
C7 G
Você vai amanhecer latin_do, uau! Uau! Uau!

Refrão

Solo de taclado: G C7 G D7 G D7

Refrão

G
Uaptchubah! Uapaptchubah!
C7
Uaptchubah! Uapaptchubah!
G D7 G
Uaptchubah! Uauauauauau!
G
Uaptchubah! Uapaptchubah!
C7
Uaptchubah! Uapaptchubah!
G D7 G
Uaptchubah! Uauauauau au!

Rock da cachorra

LEO JAIME

♩. = 192
Vocal
Ad libitum
G C7 G D7
Ua - ú! Ua - ú! Ua ú! Uau! Ua -
D7 G C7
a tempo
Ú! Uap - tchu - bah! Ua - pap - tchu - bah! Uap - tchu - bah!
G D7 G
Ua - pap - tchu - bah! Uap - tchu - bah! Ua - ua - ua - ua - uau!
G C7 G
Voz
Tro - que seu ca - chor - ro por u - ma cri - an - ça po - bre Sem
C7 G
pa - ren - te, sem ca - ri - nho, sem ran - go, sem co - bre Dei -
D7 C7 G
-xe na his - tó - ria de sua vi - da‿u - ma no - tí - cia no - bre
G
Tro - que seu ca - chor - ro Tro - que seu ca - chor - ro Tro -

C 7 G
31
-que seu ca-chor-ro Tro-que seu ca-chor-ro Tro-
D 7 C 7 G
35
-que seu ca-chor-ro por u-ma cri-an-ça po-bre
G
38
Tem mui-ta gen-te por a-í Que tá que-ren-do le-var u-ma vi-da de cão
C 7
42
Eu co-nhe-ço um ga-ro-ti-nho Que que-ri-a ter nas-ci-do pas-
G D 7 C 7
45
-tor a-le-mão Es-se é o ro-ck-des-pe-di-da Pra mi-nha ca-chor-
G
49
-ri-nha cha-ma-da Sua Mãe É pra su-a mãe
C 7
52
(É p' su-a mãe) É pra su-a mãe (É p' su-a mãe) É pra su-a mãe
G D 7
56
(É p' su-a mãe) É pra su-a mãe Es-se é o ro-ck-des-pe-

C7 G %
60 -di - da pra ca - chor - ra Su - a Mãe
G
63 Se - ja mais hu - ma - no___ Se - ja me - nos___- ca - ni - no_____ Dê___
C7 G
67 ___ gua - ri - da pro ca__- chor___- ro Mas tam - bém dê pro me - ni - no___ Se -
D7 C7 G
71 -não um di - a des - ses Vo - cê vai a - ma - nhe - cer la__- tin___- do,___ uau! Uau! Uau!
Ao 𝄋 e 𝄌
G Solo de teclado C7
75
G D7 G D7
81
Ao 𝄋 e 𝄌2
𝄌2 G C7
87 Uap - tchu - bah!___ Ua - pap - tchu - bah!___ Uap - tchu - bah!___ Ua - pap - tchu - bah!___
G D7 G D7 G
1. 2.
91 Uap-tchu-bah!___ Ua - ua - ua - ua - uau_____ Ua - ua - ua ua - ú!
rall.

Linda juventude

FLÁVIO VENTURINI e
MÁRCIO BORGES

Em
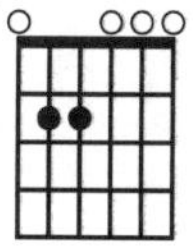
F#(no3)
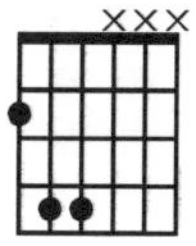
G
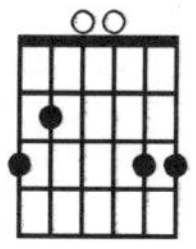
A(add9 no3)

B4
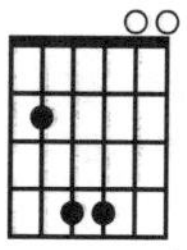
C
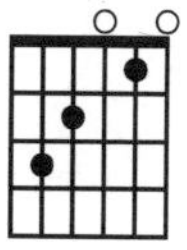

D
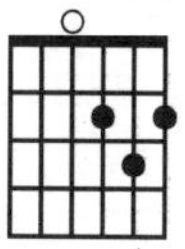
Bm7
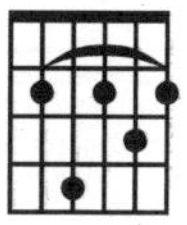
Am7
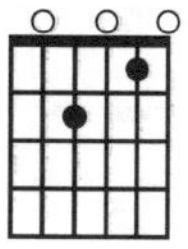
D4
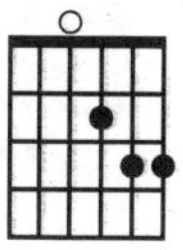
Em(add9)
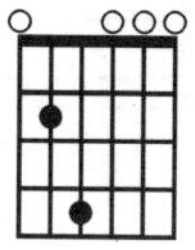

Introdução: **Em F#(no3) G Em F#(no3) G Em F#(no3) G A(add9 no3) B4 A(add9 no3)**

Em F#(no3) G Em F#(no3) G Em F#(no3) G A(add9 no3) B4

C D G
Zabelê, Zumbi, Besou__ro

C D G
Vespa fabricando mel

C D
Guardo teu tesouro

Bm7 C
Jó__ia marrom

Am7 Bm7 Em
Raça como nossa cor

REFRÃO:

C D G
Nossa linda juventu__de

C D G
Página de um livro bom

C D
Canta que te quero

Bm7 C
Ca__is e calor

Am7 Bm7 C
Claro como o sol raiou

Am7 Bm7 Em
Claro como o sol raiou

Introdução

C G D Am7
Maravi__lha, juventu__de

Bm7 C D
Pobre de mim, pobre de nós

Am7 Bm7
Via Lá__ctea

C
Brilha por nós

C G D4 D
Vidas pequenas da esqui__na

Introdução

C D G
Fado, sina, lei, tesou__ro

C D G
Canta que te quero bem

C D
Brilha que te quero

Bm7 C
Luz, andaluz

Am7 Bm7 Em
Massa como o nosso amor

Refrão

Introdução

C G D Am7
Maravi__lha, juventu__de

Bm7 C D
Tudo de mim, tudo de nós

Am7 Bm7
Via Lá__ctea

C
Brilha por nós

C G D4 D
Vidas bonitas da esqui__na

Zabelê, Zumbí, Besouro *(etc.)*

Refrão

Final: **Em(add9)**

Linda juventude

FLÁVIO VENTURINI e
MÁRCIO BORGES

C G D Am7
30
Ma - ra - vi - lha, oh oh ju - ven - tu - de Po - bre de mim
Tu - do de mim
Bm7 C D Am7
34
po - bre de nós Vi - a Lác - te - a
tu - do de nós
Bm7 C C G D4 D
38
Bri - lha por nós Vi - das pe - que - nas da es - qui - na
Vi - das bo - ni - tas da es - qui - na
Na 2ª vez: Ao 𝄋2 e 𝄌2
Em F♯(no3) G Em F♯(no3) G Em F♯(no3) G A(add9 no3)
Instrumental simile à Intro
43
B4 A(add9 no3) B4 C D
1. 2.
46
Fa - do, si - na, lei, te - sou -
G C D G C D
50
-ro Can - ta que te que - ro bem Bri - lha que te que - ro Luz,
Bm7 C Am7 Bm7 Em
54
an - da - luz Mas - sa co - mo o nos - so a - mor
Ao 𝄋1
𝄌2 Am7 Bm7 Em
Violão
Em(add9)
57
rall.
Cla - ro co - mo o sol rai - ou

Você não soube me amar

EVANDRO MESQUITA, GUTO,
BARRETO e ZECA MENDIGO

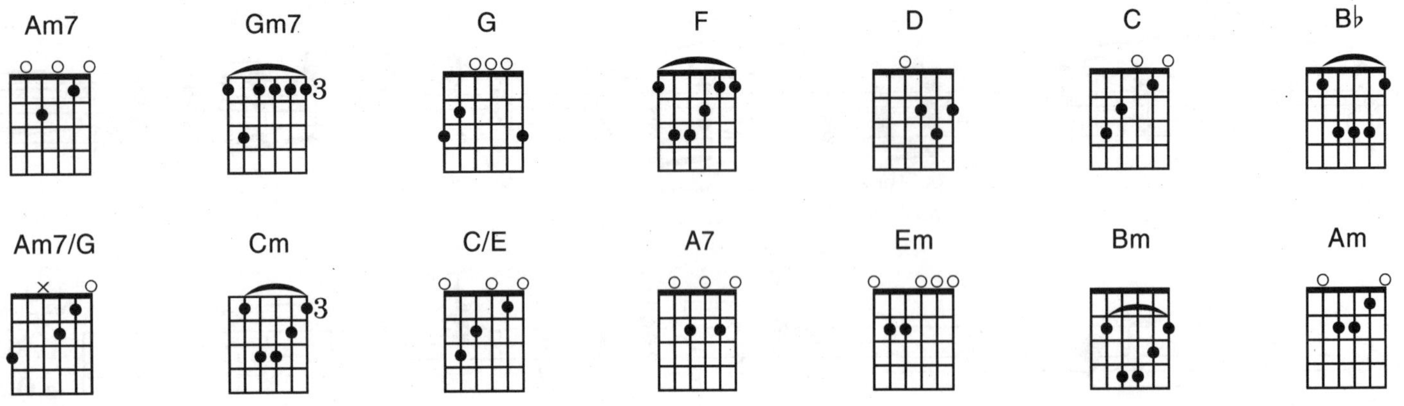
Am7
Gm7
3
G
F
D
C
B♭
Am7/G
Cm
3
C/E
A7
Em
Bm
Am

Introdução: **Am7 Gm7 Am7 Gm7**

Texto falado sobre a base: **Am7 Gm7**

Sabe essas noites que você sai caminhando sozinho
De madrugada, com a mão no bolso?
(Na rua)
E você fica pensando naquela menina
Você fica torcendo e querendo que ela estivesse
(Na sua)
Aí finalmente você encontra o broto

Base: **G F**

Que felicidade
(Que felicidade)
Que felicidade
(Que felicidade)

Você convida ela pra sentar
(Muito obrigada)
Garçom uma cerveja
(Só tem chope)
Desce dois... Desce mais...
(Amor, pede uma porção de batata frita?)
Ok! Você venceu: batata frita!
Aí, blá blá blá blá blá blá blá blá blá...
(Ti ti ti ti ti ti ti ti ti...)
Você diz pra ela: tá tudo muito bom
(Bom)
Tá tudo muito bem
(Bem)
Mas realmente, mas realmente
Eu preferia que você estivesse

D C B♭ F
Nua

REFRÃO

G Am7/G
Você não soube me amar
Cm G F C/E
Você não soube me amar
G A7
Você não soube me amar
Cm G F C/E
Você não soube me amar

Em D C
Todo mundo dizia
Bm Am
Que a gente se parecia
Bm
Ah! Cheio de tal coisa
C D
E coisa e tal
Em D C
E realmente a gente era
Bm Am
A gente era um casal
Bm C D
Ah! Um casal sensacional

Refrão

Em D C
No começo tudo era lindo
Bm Am
Ah! Tudo divino, era maravilhoso
Bm C D Em
Até debaixo d'água nosso amor era mais gostoso
D C
Mas de repente
Bm Am
A gente enlouqueceu
Bm C D
Ah! Eu dizia que era ela, ela dizia que era eu

Refrão

Base: **G F G F**

(Amor que que 'cê tem? 'Cê ta tão nervoso!)
Nada, nada, nada, nada, nada, nada, nada

Em D C Bm Am
(Foi besteira usar essa tática)

Bm C D Em
(Dessa maneira assim dramática). Eu tava nervoso

D C
(O nosso amor era uma orquestra sinfônica)

Bm Am
Eu sei

Bm C D
(E o nosso beijo uma bomba atômica)

Refrão (2 Xs)

G F C/E G
Oh! Baby não

♩ = 136
Am7 Gm7
Voz (falada)
Vocal
Sabe essas noites que você sai cainhando sozinho, de madrugada, com a mão no bolso?
(Na ru - a)
E você fica pensando naquela menina
Você fica torcendo e querendo que ela estivesse
(Na su - a)
Aí finalmente você encontra o broto
G F
Que fe-li-ci-da - de
(Que fe-li-ci - da-de)
Que fe-li-ci-da - de
(Que fe-li-ci- -da - de)
Você convida ela pra sentar
(Muito obrigada!)
Garçom, uma cerveja!
(Só tem chope!)
Desce dois...
Desce mais...
(Amor, pede uma porção de batata frita?)
Ok, você venceu. batata frita!
Aí, blá blá blá blá blá blá blá blá blá

G F G F G F G F G F G F
33
(Ti ti ti ti ti ti ti ti ti)
Você diz pra ela: tá tudo muito bom
(Bom)
Tá tudo muito bem
(Bem)
G F G F G F D C B♭ F
39
Mas realmente, Mas realmente Eu prefiria que você estinesse (Nu - a)
G Am7/G Cm G F C/E
44
Vo - cê não sou - be me a - mar Vo - cê não sou - be me a - mar
G A7 Cm G F C/E
48
Vo - cê não sou - be me a - mar Vo - cê não sou - be me a - mar
Voz (quase falada)
Em D C Bm Am Bm C D
52
To-do mun-do di-zi-a Que a gen-te se pa-re-ci - a Ah! Chei-o de tal e coi - sa e coi-sa e tal
Em D C Bm Am Bm C D
56
E re-al-men-te a gen-te e - ra A gen-te e-ra um ca-sal Ah! Um ca-sal sen sa-cio - nal
Ao 𝄋 e 𝄌
Em D C Bm Am Bm C D
60
No co-me-ço tu-do e-ra lin-do Ah! Tu-do di-vi-no e-ra ma-ra-vi - lho-so A-té de-bai-xo d'á-gua nos-so a-mor e-ra mais gos-
Em D C Bm Am Bm C D
64
-to-so Mas de re-pen-te a gen-te en-lou-que - ceu Ah! Eu di-zi-a que e-ra e - la, e-la di-zi-a que e-ra eu
Ao 𝄋 e 𝄌2

Falando:
(Amor, que que 'cê tem? 'Cê tá tão nervoso!)
Nada, nada, nada, nada, nada, nada, nada!
Vocal
Foi bes-tei-ra‿u-sar es-sa tá - ti - ca
Des - sa ma - nei - ra‿as - sim dra - má - ti - ca
Eu tava nervoso
O nos - so‿a - mor e - ra‿u - ma‿or - ques - tra sin - fô - ni - ca
Eu sei!
E‿o nos - so bei - jo‿u - ma bom - ba‿a - -tô - mi - ca
Todos
Vo - cê não sou - be me‿a - mar
Vo - cê não sou - be me‿a - mar
Vo - cê não sou - be me‿a - mar
Vo - cê não sou - be me‿a - mar
Voz
Oh! Ba - by não

Eclipse oculto

CAETANO VELOSO

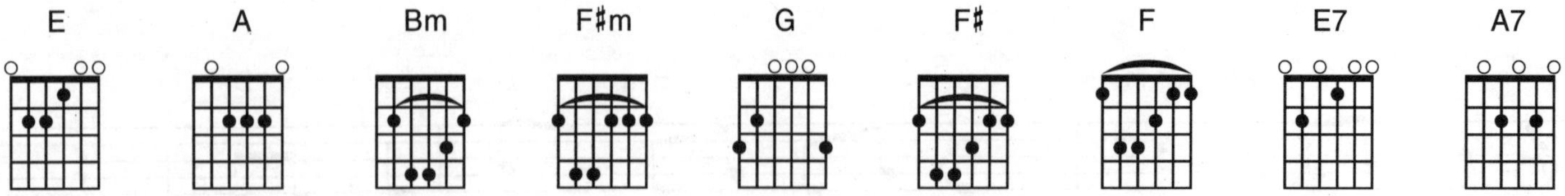
E
A
Bm
F♯m
G
F♯
F
E7
A7

Introdução: **E A E A E A E A**

E **A** **E**
Nosso amor não deu cer_to, gargalhada e lá_grimas
A **E**
De per_to fomos quase na_da
Bm **F♯m** **G**
Tipo de amor que não pode dar cer_to na luz da manhã
F♯ **F** **E** **A E A**
E desperdiçamos os blues do Djavan

E **A** **E**
Demasiadas pala_vras fraco impulso de vi_da
A **E**
Trava_da a mente na ideologia
Bm **F♯m**
E o corpo não agia como se o coração
G
Tivesse antes que optar
F♯ **F** **E**
Entre o inseto e o inseticida

REFRÃO:
A **E** **A**
Não me queixo
E **A**
Eu não soube te amar
E **A**
Mas não deixo
E **A**
De querer conquistar
F♯ **F** **E** **A**
Uma coisa qualquer em você, o que será?

Solo de sax: **E7 A7 E7 A7 E7 A7**

E **A** **E**
Como nunca se mos_tra o outro lado da lua
A **E**
Eu desejo viajar no outro lado da sua
Bm
Meu coração gali__nha de leão
F♯m **G**
Não quer mais amarrar frustração
F♯ **F** **E** **A E A**
Oh! Eclipse oculto na luz do verão

E **A**
Mas bem que nós fomos muito felizes
E
Só durante o prelú_dio
A **E**
Gargalhadas e lá_grimas até irmos pra o estúdio
Bm **F♯m**
Mas na hora da cama nada pintou direi__to
G
É minha cara falar
F♯ **F** **E**
Não sou proveito, sou pura fama

Refrão

Solo de sax: **E7 A7 E7 A7 E7 A7**

E **A** **E**
Nada tem que dar cer_to, nosso amor é boni_to
A **E**
Só não disse ao que vei_o atrasado e aflito
Bm **F♯m**
E paramos no meio sem saber os dese_jos
G
Onde é que iam dar
F♯ **F** **E** **A E A**
E aquele projeto ainda estará no ar

E **A** **E**
Não quero que você fique fera comi_go
A **E**
Quero ser seu amor, quero ser seu amigo
Bm **F♯m**
Quero que tudo saia como o som de Tim Mai__a
G
Sem grilos de mim
F♯ **F** **E**
Sem desesperos sem tédio sem fim

Refrão

♩ = 144
Bateria
Guitarra
3X
Voz
E A E A
E A E
Nos-so_a-mor não deu cer - to, gar - ga - lha-das e lá - gri-mas De per -
Co - mo nun - ca se mos - tra_o ou - tro la - do da lu - a Eu de - se - jo via - jar
Na - da tem que dar cer - to, nos-so_a-mor é bo-ni - to Só não dis-se_ao que vei -
A E Bm
-to fo-mos qua-se na - da Ti - po de_a-mor que não po - de dar cer -
do ou - tro la - do da su - a Meu co-ra-ção ga - li - nha de leão Não quer mais
-o_a-tra - sa - do_e a - fli - to E pa-ra-mos no mei - o sem sa - ber os de - se -
F♯m G F♯ F
-to na luz da ma-nhã E des - per - di - ça - mos os blues do Dja -
a - mar - rar frus - tra - ção Oh!_E-clip-se_o - cul - to na luz do ve -
-jos On - de_é que_i-am dar E_a - que - le pro - je - to_ain-da 'sta - rá no
E7 A7 E7 A7 E
-van De - ma - sia - das pa - la -
-rão Mas bem que nós fo - mos muito fe -
ar Não que - ro que vo - cê

A E A
-vras fra-co im-pul-so de vi- da Tra- va- da a men-te na i-deo-lo-gi-
-li-zes Só du-ran-te o pre-lú-dio Gar-ga-lha-das e lá-gri-mas a-té ir mos pra os tú-
fi-que fe-ra co-mi-go Que-ro ser seu a-mor, que-ro ser seu a-mi-
E Bm
-a E o cor-po não a-gi-a co-mo se o co-ra-ção
-dio Mas na ho-ra da ca-ma na-da pin-tou di-rei-
-go Que-ro que tu-do sai-a co-mo som de Tim Mai-
F♯m G F♯ F
Ti-ves-an-tes que op-tar En-tre o in-se-to e o in-se-ti-ci-
-to É mi-nha ca-ra fa-lar Não sou pro-vei-to, sou pu-ra fa-
-a Sem gri-los de mim Sem de-ses-pe-ro sem té-dio sem
E A E A E
-da
-ma
fim
Não me quei-xo Eu não sou-be te a-mar
A E A E A
Mas não dei-xo De que-rer con-quis-tar U-ma
F♯ F E A
coi-sa Qual-quer em vo-cê, o que se-rá?
FIM
E7 A7 E7 A7 E7 A7
Solo de sax
Ao 𝄋
3 vezes
até Fim

Al Capone

RAUL SEIXAS e
PAULO COELHO

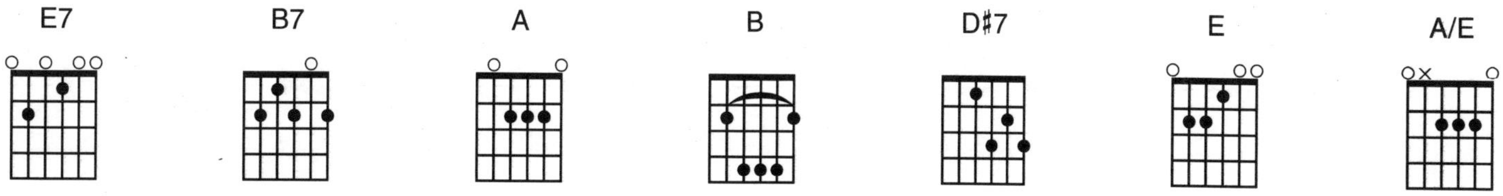

Introdução: **E7**

REFRÃO:

E7 **A**
Hei Al Capo_ne,

B **E7**
Vê se te emen_da

A
Já sabem do teu fu_ro nêgo

B **E7**
No imposto de ren_da

A
Hei Al Capo_ne,

B **E7**
Vê se te orien_ta

A
Assim dessa manei_ra nêgo

B **E7**
Chicago não agüen_ta

E7 **D#7**
Hei Júlio Cesar vê se não vai ao senado

E7 **D#7**
Já sabem do teu plano para controlar o estado

E7 **D#7**
Hei Lampião dá no pé, desapareça

E7
Pois eles vão à feira exibir tua cabeça

A
Hei Al Capo_ne,

B **E7**
Vê se te orien_ta

A
Assim dessa manei_ra nêgo

B **E7**
Chicago não agüen_ta

Solo de guitarra: **E A/E E7 A E7 B A B**

Refrão

E7
Hei Jimmy Hendrix

Abandona o palco agora

D#7 E7
Fa_ça como fez Sinatra

D#7
Compre um carro e vá embora

E7
Hei Jesus Cristo o melhor que você faz

D#7 E7
É deixar o pai de lado

Foge pra morrer em paz

A
Hei Al Capo_ne,

B **E7**
Vê se te orien_ta

A
Assim dessa manei_ra nêgo

B **E7**
Chicago não agüen_ta

Eu sou astrólogo, eu sou astrólogo

A7
Vocês preci_sam acreditar em mim

E7
Eu sou astró_logo

B7
Eu sou astró_logo

A7 **E7**
E conheço a histó_ria do princípio ao fim

Al Capone

RAUL SEIXAS e
PAULO COELHO

E7
Vocalize
N.C.
Riff guitarra e baixo
Que que que co que co que que reu
B7
E7
Voz
A
B
Hei Al Ca - po - ne Vê se te e - men -
Hei Al Ca - po - ne Vê se te o - ri - en -
E7
A
B
-da Já sa-bem do teu fu - ro nê - go No im - pos - to de ren -
-ta As - sim des - sa ma - nei - ra nê - go Chi - ca - go não a - güen -
E7
1.
2.
E7
D♯7
E7
D♯7
-da -ta Hei Jú - lio Ce - sar vê se não vai ao se - na - do Já
-ta Hei Jim-my Hen-drix a - ban - do - na o pal-co a-go-ra Fa - ça
E7
D♯7
E7
sa - bem do teu pla - no pa - ra con - tro - lar o es - ta - do Hei Lam - pi - ão dá no
co - mo fez Si - na - tra Com-pre um car - ro e vá em - bo - ra Hei Je - sus Cris - to o -me -
D♯7
E7
pé, de - sa - pa - re - ça Pois e - les vão à fei - ra e - xi - bir tu - a ca - be - ça Hei
-lhor que vo - cê faz É dei - xar o pai de la - do Fo - ge pra mor-rer em pa-(a)z
Ao 𝄋 2ª letra e 𝄌

E
A/E
E 7
Instrumental
Solo de guitarra
A
E 7
B
A
Riff guitarra e baixo
B
Ao 𝄋 e 2
E7 A B E7
Al Ca-po-ne vê se te o-ri-en-ta As-sim des-sa ma-nei-
A B E7
-ra nê-go Chi-ca-go não a-güen-ta Eu sou as-tró-lo-go, eu sou as-tró-
E7 A 7 E7
-lo-go Vo-cês pre-ci-sam a-cre-di-tar em mim Eu sou as-tró-lo-go
B7 A7 E7
Eu sou as-tró-lo-go E co-nhe-ço a his-tó-ria do prin-cí-pio ao fim

Menino do Rio

CAETANO VELOSO

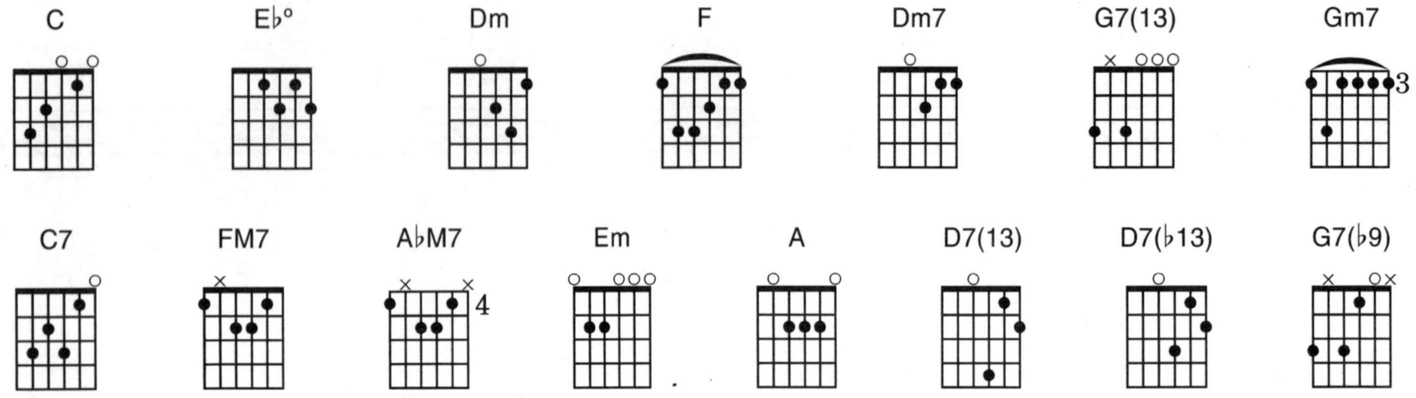

Introdução (2 Xs): **C E♭° Dm F**

Duas vezes:

C　　　　　　　　**E♭°**
　Menino do Rio,　calor que provoca arrepio
Dm7　　　　**G7(13)**　　**Dm7**　　　**G7(13)**
　Dragão tatuado no braço,　calção corpo aberto no espaço
Gm7　　**C7**　　　**FM7**　　　　**A♭M7**
　Coração　de eterno flerte, adoro ver-te
C　　　　　　　　**E♭°**
　Menino vadio,　tensão flutuante do Rio
Dm7　　　　　　**G7(13)**　　　　**C**
　Eu canto para Deus　proteger-te

Em　　**A**　　　　**D7(13) D7(♭13) Dm7 G7(♭9) C**
　O Havaí　seja aqui　o　que tu sonha__res
Em A　　　**Dm7 E♭°**　　**Em**　　　　**A**
　To__dos os luga__res,　as ondas dos mares
　　　　　　　　A♭M7
　Pois quando eu te vejo eu desejo o teu desejo
C　　　　　　　　**E♭°**
　Menino do Rio,　calor que provoca arrepio
Dm7　　　　　　**G7(13)**　　　　**C**
　Toma esta canção　como um beijo

Introdução

　Menino do Rio, calor que provoca arrepio *(etc.)*

Final:
　C E♭° F C

C Voz Eb°
Me-ni-no do Ri - o, ca-lor que pro-vo - ca ar-re-pi - o
Dm7 G7(13) Dm7 G7(13)
Dra-gão ta-tu-a-do no bra-ço, cal-ção cor-po a-ber-to no es-pa-ço
Gm7 C7 FM7 AbM7
Co-ra-ção De e-ter-no fler-te, a-do-ro ver-te
C Eb°
Me-ni-no va-di - o, ten-são flu-tu-an - te do Ri - o
Dm7 G7(13) C
Eu can-to pra Deus pro-te-ger - te.
Em A D7(13) D7(b13)
O Ha-va-í se-ja a-qui
Dm7 G7(b9) C
o que tu so - nha - res
Em A Dm7 Eb°
To - dos os lu - ga - res, as on - das

Em7 A A♭M7
dos ma - res Pois quan - do‿eu te ve - jo‿eu de - se - jo‿o teu de - se -
-jo
C
Me - ni - no do Ri - o,
E♭° Dm7 G7(13)
lor que pro - vo - ca‿ar - re - pi - o To - ma‿es - ta can - ção co - mo‿um bei -
C E♭° Dm F
Vocalise sobre dedilhado
-jo
C E♭° Dm F
Ao 𝄋 (casa 2) e 𝄌
C E♭° Dm
Vocalise sobre dedilhado
bei - jo
F C E♭°
F C
rall.

Erva venenosa

(Poison Ivy)

JERRY LEIBER e MIKE STOLLER
Vers.: ROSSINI PINTO

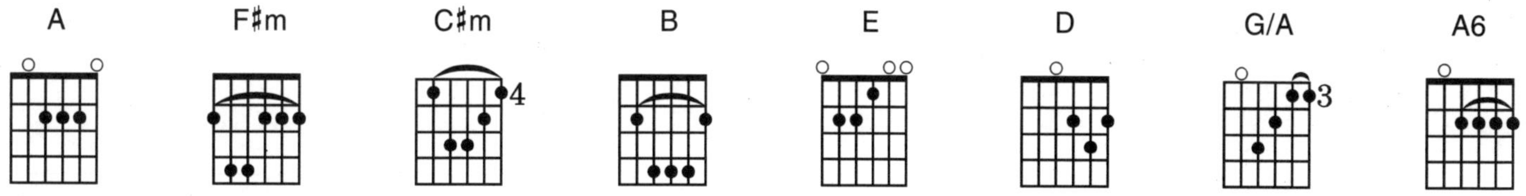

Introdução: **A**

A
Parece uma rosa

De longe é formosa

É toda recalcacada

Alegria alheia a incomoda

REFRÃO:

F♯m
Venenosa eh!

C♯m
Erva venenosa eh!

F♯m **B**
É pior do que cobra cascavel

F♯m **E**
Seu veneno é cruel el el el

A
De longe não é feia

Tem voz de uma sereia

Cuidado não lhe toque

Ela é má pode até te dar um choque

Refrão

D
Se coça como louca, a chaga tem à boca

A
Parece uma bruxa, um anjo mau

D
Detesta todo mundo, não pára um segundo

E
Fazer maldade é seu ideal

Instrumental: **A**

A
É como um cão danado

Seu grito é abafado

É vil, é mentirosa

Deus do céu como ela é maldosa

Refrão

Se coça como louca *(etc.)*
...Fazer maldade é seu ideal

Instrumental: **A**

G **A**
Erva venenosa

G **A**
Erva venenosa

G **A**
Erva venenosa

Solo de gaita: **A**

Solo de guitarra: **G A G A**

Repete ad libitum e fade out:

G **A**
Erva venenosa

Erva venenosa
(Poison Ivy)

JERRY LEIBER e MIKE STOLLER
Vers.: ROSSINI PINTO

♩ = 152
A
Instrumental
1.
2.
Voz
Pa -
A
-re - ce u - ma ro - sa De lon - de é for - mo - sa É
lon - ge não é fei - a Tem voz de‿u - ma se - rei - a Cui -
co - mo‿um cão da - na - do Seu gri - to‿é a - ba - fa - do É
to - da re - cal - ca - da A - le - gri - a a - lhei - a‿a in - co - mo - da Ve - ne -
-da - do não lhe to - que E - la‿é má, po - de‿a - té te dar um cho - que
vil é men - ti - ro - sa Deus do céu co - mo e - la é mal - do - sa
N.C.
F♯m
C♯m
F♯m
-no - sa eh! Er - va ve - ne - no - sa eh! É pi - or do que co - bra cas - ca -
B
F♯m
E
E
D
-vel Seu ve - ne - no é cru - el - el - el - el De el Se co - ça co - mo lou - ca, a
A
cha - ga tem à bo - ca Pa - re - ce u - ma bru - xa‿um an - jo mau De -

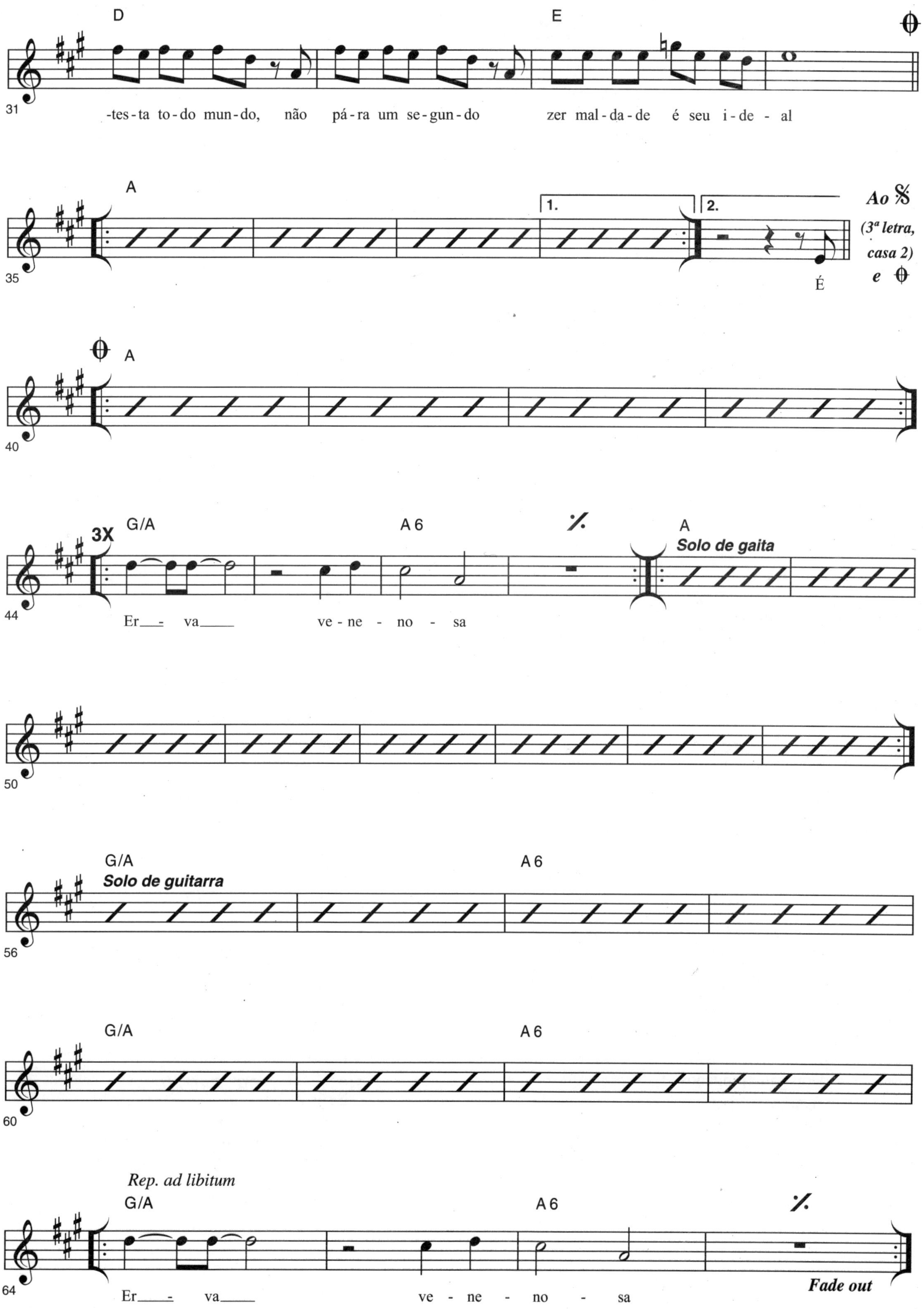
D
E
-tes-ta to-do mun-do, não pá-ra um se-gun-do zer mal-da-de é seu i-de-al
A
1.
2.
É
Ao 𝄋 (3ª letra, casa 2) e 𝄌
A
3X
G/A
A 6
A
Solo de gaita
Er - va ve-ne-no-sa
G/A
Solo de guitarra
A 6
G/A
A 6
Rep. ad libitum
G/A
A 6
Er - va ve-ne-no-sa
Fade out

Fora da lei

ED MOTTA e
RITA LEE

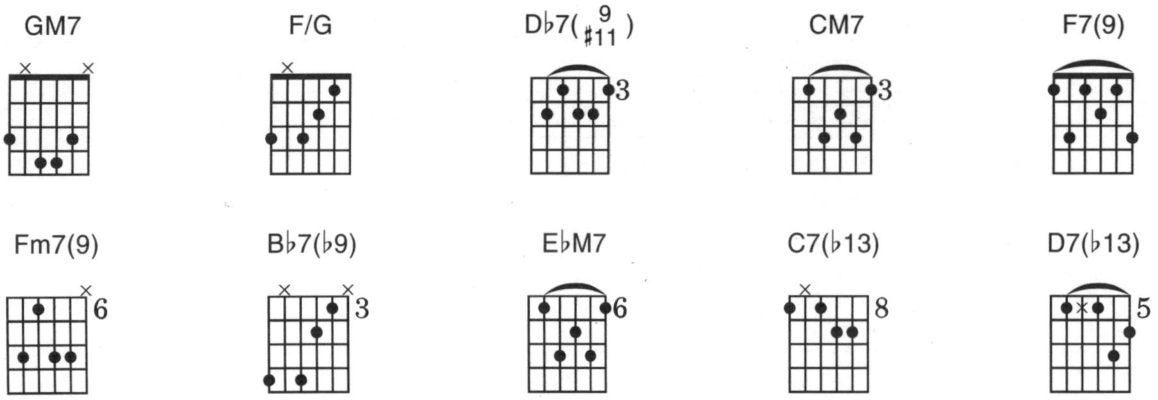
GM7
F/G
Db7(9 #11)
3
CM7
3
F7(9)
Fm7(9)
6
Bb7(b9)
3
EbM7
6
C7(b13)
8
D7(b13)
5

Vocalise (2 Xs): **GM7 F/G GM7 F/G**

GM7 **F/G**
Cidade nu_a

GM7 **F/G**
Noite em neon

GM7 **F/G** **Db7 9(#11)**
Gata de ru_a

CM7 **F7(9)**
Faz ronron ao luar

GM7 **F/G**
Saio da ca_ma

GM7 **F/G**
Pulo a jane_la

GM7 **F/G** **Db7(9 #11)**
Ninguém como e_la

CM7 **F7(9)**
Ao luar

Fm7(9) **Bb7(b9)** **EbM7** **C7(b13)**
Mia, arranha o céu

Fm7(9) **Bb7(b9)** **EbM7** **D7(b13)**
Mia, lua de mel ao léu

REFRÃO:

GM7 **F/G**
Dois gatos pingados

Db7(9 #11) **CM7**
Fora da lei

F7(9)
Ela é rainha, eu o rei

GM7 **F/G**
Farra no telhado

Db7(9 #11) **CM7**
Fora da lei

F7(9)
Tudo bem

GM7 **F/G**
Sobe e desce muros

Db7(9 #11) **CM7**
Fora da lei

F7(9)
Ela sai por onde andei

GM7 **F/G**
Gritos e sussurros

Db7(9 #11) **CM7** **F7(9)**
Fora da lei

Vocalise (2 Xs): **GM7 F/G GM7 F/G**

GM7 **F/G**
Cidade nu_a

GM7 **F/G**
Faz serena_ta

GM7 **F/G** **Db7(9 #11)**
Beijo na bo_ca

CM7 **F7(9)**
Vira la_ta de lixo

GM7 **F/G**
Amor de bi__cho

GM7 **F/G**
Paixão malu__ca

GM7 **F/G** **D♭7(9 ♯11)**
Cama de ga__to

CM7 **F7(9)**
Kama Su__tra ao luar

Fm7(9) **B♭7(♭9)** **E♭M7** **C7(♭13)**
Mia, arranha o céu

Fm7(9) **B♭7(♭9)** **E♭M7** **D7(♭13)**
Mia, lua de mel ao léu

Refrão

Vocalise: **GM7 F/G GM7 F/G**
GM7 F/G D♭7(9 ♯11) Cm7 F7(9)

Fm7(9) **B♭7(♭9)** **E♭M7** **C7(♭13)**
Mia, arranha o céu

Fm7(9) **B♭7(♭9)** **E♭M7** **D7(♭13)**
Mia, lua de mel ao léu

Refrão

Vocalise, rep. ad lib e fade out: **GM7 F/G**
D♭7(9 ♯11) CM7 F7(9)

Fm7(9)
Bb7(b9)
EbM7
C7(b13)
Mi - a, ar - ra - nhar o céu
Fm7(9)
Bb7(b9)
EbM7
D7(b13)
Mi - a, lu - a de mel ao léu
GM7
F/G
Db7(#9 11)
CM7
F7(9)
Dois ga - tos pin - ga - dos Fo - ra da lei E - la‿é a ra - i - nha, eu o rei
GM7
F/G
Db7(#9 11)
CM7
F7(9)
Far - ra no te - lha - do Fo - ra da lei Tu - do bem
GM7
F/G
Db7(#9 11)
CM7
F7(9)
So - be‿e des - ce mu - ros Fo - ra da lei E - la sai por on - de‿an - dei
GM7
F/G
Db7(#9 11)
CM7
F7(9)
Gri - tos e sus - sur - ros Fo - ra da lei
GM7
F/G
GM7
F/G
Vocalise

GM7 F/G GM7 F/G
51
Ci - da - de nu - a Faz se - re - na - ta
GM7 F/G D♭7(#11 9) CM7 F7(9)
55
Bei - jo na bo - ca Vi - ra la - ta de li - xo
GM7 F/G GM7 F/G
59
A - mor de bi - cho Pai - xão ma - lu - ca
GM7 F/G D♭7(#11 9) CM7 F7(9)
63
Ca - ma de ga - to Ka - ma Su - tra ao lu - ar
Ao 𝄋 e 𝄌
𝄌 GM7 F/G GM7 F/G
Vocalise
67
GM7 F/G D7(#11 9) CM7 F7(9)
71
Ao 𝄋 e 𝄌 2
Rep. ad libitum
𝄌 2 GM7 F/G D♭7(#11 9) CM7 F7(9)
Vocalise
75
Fade out

Envelheço na cidade

EDGARD SCANDURRA

D

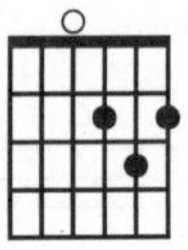

A

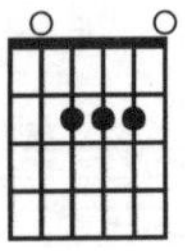

G

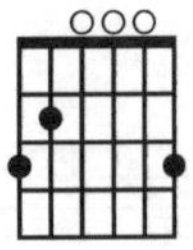

Em

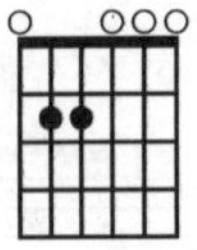

C

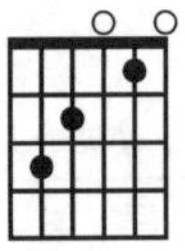

A7

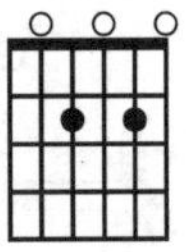

Introdução: **D A**
G Em G A
G Em G A
C A C A

G Em G A
Mais um ano que se pas__sa, mais um ano sem você
G Em G A C A C A
Já não tenho a mesma ida__de, envelheço na cidade
G Em G A
Essa vida é jogo rá__pido para mim ou pra você
G Em G A
Mais um ano que se pas__sa, já não sei o que fazer

C A C A
Juventude se abraça, se une pra esque_cer
C A C A
Um feliz aniversário para mim ou pra vo_cê

REFRÃO:

D
Feliz aniversário, envelheço na cidade
A
Feliz aniversário, envelheço na cida_de
D
Feliz aniversário, envelheço na cidade
A
Feliz aniversário

G Em
Meus amigos, minha ru__a,
G A
As garotas da minha rua

G Em
Não os sinto, não os te_nho,
G A C A C A
Mais um ano sem você
G Em G A
As garotas desfilan__do, os rapazes a beber
G Em G A
Já não tenho a mesma ida__de, não pertenço a ninguém

Juventude se abraça, se une pra esquecer *(etc.)*
...para mim ou pra você

Refrão

Juventude se abraça, se une pra esquecer *(etc.)*
...para mim ou pra você

A
La la la la la la la la la la la la lá

Solo de guitarra: **G Em G A**
G Em G A

Juventude se abraça, se une pra esquecer *(etc.)*
...para mim ou pra você

Refrão

Final: **D**

♩ = 118
D
Guitarra
A
G Em G A G Em G A C A C A A
Voz
G Em G A
Mais um a - no que se pas - sa, mais um a - no sem vo - cê Já não
-mi - gos, mi - nha ru - a As ga - ro - tas da m'nha ru - a Não os
G Em G A C A
te - nho‿a mes - ma‿i - da - de, en - ve - lhe - ço na ci - da - de
sin - to, não os te - nho Mais um a - no sem vo - cê
C A A G Em
Es - sa vi - da‿é jo - go rá - pi - do pa - ra
As ga - ro - tas des - fi - lan - do, os ra -
G A G Em G A
mim ou pra vo - cê Mais um a - no que se pas - sa, já não sei o que fa zer
-pa - zes a be - ber Já não te - nho‿a mes - ma‿i - da - de, não per - ten - ço a nin - guém

C A C A C A
Ju-ven-tu-de se a-bra-ça, se u-ne pra es-que- cer Um fe-liz a-ni-ver-sá-rio
C A7
pa-ra mim ou pra vo- cê Fe-
D
Guitarra simile à Intro
liz a-ni-ver-sá-rio, en-ve-lhe-ço na ci-da- de Fe-liz a-ni-ver-sá-rio, en-ve-
A D
-lhe-ço na ci-da- de Fe-liz a-ni-ver-sá-rio, en-ve-lhe-ço na ci-da- de Fe-
A A
1. 2.
-liz a-ni-ver-sá-rio Meus a- La-la-la-la-la-la-la-la
G Em G A
Solo de guitarra
la-la-la-la-lá
G Em G A
Ao 𝄋 e 𝄌
D A
-liz a-ni-ver-sá-rio, en-ve-lhe-ço na ci-da- de
D
3X
Guitarra
rall.

Ideologia

FREJAT e
CAZUZA

B♭m7 E♭m7 Fm7 A♭ D♭M7 E♭ G♭

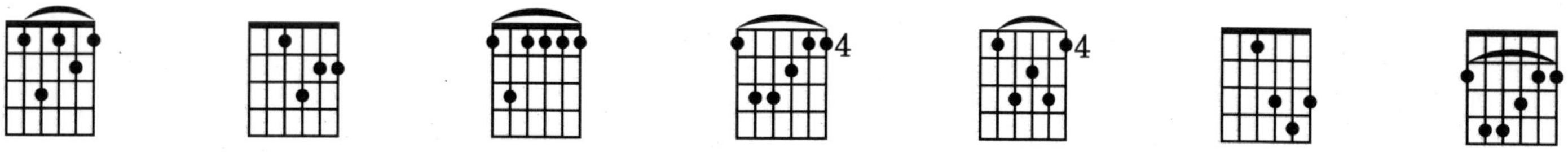

Introdução: **B♭m7**

```
Bbm7
Meu partido é um coração partido

E as ilusões estão todas perdidas
             Ebm7
Os meus sonhos foram todos vendidos
                       Bbm7
Tão barato que eu nem acredito. Ah! Eu nem acredito
      Fm7                  Ab                  DbM7
Que aquele garoto que ia mudar o mundo, mudar o mundo
   Fm7                       Ab              Eb
Freqüenta agora as festas   do Grand Mon_de
Bbm7                Ab                Eb
Meus heróis morreram de overdose
      Bbm7             Ab            Eb
Ah! Meus inimigos   estão no poder
```

REFRÃO:

```
      Gb      Ebm7                  Bbm7
Ideologia, eu quero uma pra viver
      Gb      Ebm7                   Bbm7
Ideologia, eu quero uma pra viver
```

```
Bbm7
O meu prazer agora é risco de vida

Meu sex and drugs não tem nenhum rock'n'roll
            Ebm7
Eu vou pagar a conta do analista
                            Bbm7
Pra nunca mais ter que saber quem eu sou

Ah! Saber quem eu sou
```

```
         Fm7                   Ab                     DbM7
Pois aquele garoto que ia mudar o mundo,  mudar o mundo
      Fm7              Ab                  Eb
Agora assiste a tudo em cima do muro, em cima do muro
Bbm7                    Ab                  Eb
Meus heróis morreram de overdose
Bbm7                Ab                 Eb
Meus inimigos   estão no poder
```

```
      Gb    Ebm7                     Bbm7
Ideologia eu quero uma pra viver
      Gb  Fm7          Ebm7
Ideologia      pra viver
```

Solo de guitarra: **E♭m7**

```
Fm7                           Ab                     DbM7
Pois aquele garoto que ia mudar o mundo,  mudar o mundo
Fm7                        Ab                  Eb
Agora assiste a tudo em cima do muro em cima do muro

Bbm7                        Ab                 Eb
Meus heróis morreram de overdose
Bbm7                 Ab                Eb
Meus inimigos   estão no poder
```

Final: refrão 4 Xs

Ideologia

FREJAT e
CAZUZA

♩ = 132
B♭m7
Instrumental
Voz
Meu par - ti - do é um co - ra - ção par - ti - do
E as i - lu - sões es - tão to - das per - di - das
Os meus
E♭m7
so - nhos fo - ram to - dos ven - di - dos
Tão ba - ra - to que eu
B♭m7
nem a - cre - di - to. Ah! Eu nem a - cre - di - to
Que a - que - le ga - ro - to que i - a mu - dar o mun - do, mu - dar o mun - do
F m7
A♭
D♭M7
Fre - qüen - ta a - go - ra as fes - tas do Grand Mon - de Eh!
E♭

Bbm7 — Meus he-róis mor-re-ram de o-ver-do-se **Ab** **Eb** Ah!

Bbm7 Meus i-ni-mi-gos es-tão no po-der **Ab** **Eb** I-deo-lo-

Gb -gi-a, eu que-ro u-ma pra vi-ver **Ebm7** **Bbm** I-deo-lo-
que-ro u-ma pra vi-ver (er)

Gb -gi-a, eu que-ro u-ma pra vi-ver **Ebm7** **Bbm**

Bbm7 O meu pra-zer a-go-ra é ris-co de vi-da Meu

sex and drugs não tem ne-nhum ro-ck'n' roll Eu vou pa-

Ebm7 -gar a con-ta do a-na-lis-ta Pra nun-ca mais ter que sa-

Bbm7 -ber quem eu sou Ah! Sa-ber quem eu sou Pois a-

F m7 Ab DbM7
67
-que - le ga - ro - to que i - a mu - dar o mun - do, mu - dar o mun - do A -
F m7 Ab Eb
71
-go - ra as - sis - te a tu - do em ci - ma do mu - ro, em ci - ma do mu - ro
Ao 𝄋 e ⊕
⊕ Gb F m Ebm7
Solo de guitarra
75
-gi - a Pra vi - ver
80
F m7 Ab DbM7
85
Pois a - que - le ga - ro - to que i - a mu - dar o mun - do, mu - dar o mun - do A -
F m7 Ab Eb
89
-go - ra as - sis - te a tu - do em ci - ma do mu - ro, em ci - ma do mu - ro
Ao 𝄋 e ⊕2
⊕2 Bbm7 Gb Ebm7 Bbm7
93
I - deo - lo - gi - a Pra vi - ver
Gb Ebm7
97
I - deo - lo - gi - a, eu que - ro u - ma pra vi - ver

É proibido fumar

ROBERTO CARLOS e
ERASMO CARLOS

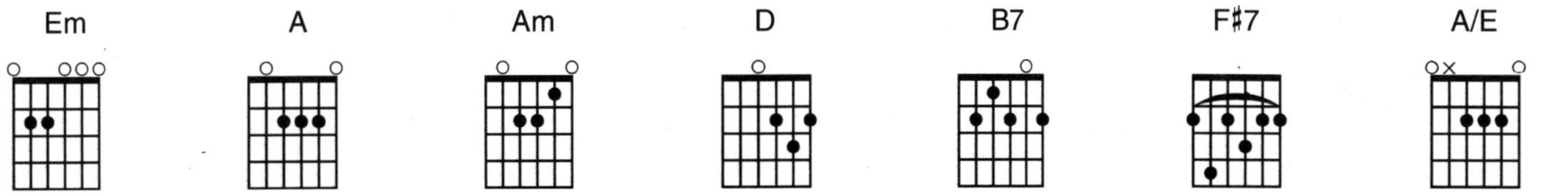
Em
A
Am
D
B7
F#7
A/E

Introdução: **Em Em A Em Em A Em**
Em A Em A Em A Em A

Em   A   Em A
É proibido fumar

Em   A   Em A
Diz o aviso que eu li

Am   D   Am D
É proibido fumar

Em   A   Em A
Pois o fogo pode pegar

B7   A
Mas nem adianta o aviso olhar

B7   A
Pois a brasa que agora eu vou mandar

Em   A   Em A
Nem bombeiro pode apagar

Em   A   Em A
Nem bombeiro pode apagar

A
Eu pego uma garota e canto uma canção

B7
E nela dou um beijo com empolgação

A   F#7
Do beijo sai faísca e a turma toda grita

B7
Que o fogo pode pegar

Em   A   Em A
Nem bombeiro pode apagar

Em   A   Em A
O beijo que eu dei nela assim

Am   D   Am D
Nem bombeiro pode apagar

Em   A   Em A
Garota pegou fogo em mim

B7   A
Sigo incendiando bem contente e feliz

B7   A
Nunca respeitando o aviso que diz:

Em   A   Em A
Que é proibido fumar

Em   A   Em
Que é proibido fumar

Instrumental: **Em A/E Em A/E Em A/E Em**
A/E A Em A/E Em A/E Em A/E B7 A Em

Eu pego uma garota *(etc.)*

É proibido fumar

ROBERTO CARLOS e
ERASMO CARLOS

♩ = 148
Em
3X Guitarra
Em A
Em A
Em A
Voz
É pro - i - bi - do fu - mar
Diz o a - vi - so que‿eu li
Am D
É pro - i - bi - do fu - mar
Em A
Pois o fo - go po - de pe - gar
B7
A
Mas nem a - di - an - ta o a - vi - so o - lhar
B7
A
Pois a bra - sa que a - go - ra‿eu vou man - dar
Em A
Nem bom - bei - ro po - de‿a - pa - gar
Nem bom - bei - ro po - de‿a - pa - gar
A
Eu pe - go‿u - ma ga - ro - ta e can - to‿u - ma can - ção E
B7
ne - la dou um bei - jo com em - pol - ga - ção
A
Do bei - jo sai fa - ís - ca e‿a

F♯7 B7 Em A
tur-ma to-da gri-ta O fo-go po-de pe-gar
Nem bom-bei-ro po-de‿a-pa-gar O
Am D
bei-jo que‿eu dei ne-la as-sim
Nem bom-bei-ro po-de‿a-pa-gar Ga-
Em A B7 A
-ro-ta pe-gou fo-go em mim
Si-go‿in-cen-di-an-do bem con-ten-te‿e fe-liz
B7 A Em A
Nun-ca res-pei-tan-do o a-vi-so que diz
Que é pro-i-bi-do fu-mar
ah
Que‿é pro-i-bi-do fu-mar
Em
Em A/E
Solo de sax
A
Em A/E B7 A Em
Ao 𝄋 e 𝄌
Em A Em A
Que‿é pro-i-bi-do fu-mar
Fade out

Psicopata

FÊ LEMOS, LORO JHONES,
FLAVIO LEMOS e PEDRO PIMENTA

Introdução: baixo

Riff de guitarra (4Xs): **Am D**

Am D
Papai morreu

Am D
Mamãe também

Am D
Estou sozinho

Am D
Eu não tenho ninguém

REFRÃO:

Am C Am C
Essa vida me maltrata

Am C D
Estou virando um psicopata

Riff: **Am D Am D**

A D
Quebrei as janelas

A D
Da minha casa

A D
Rasguei a roupa

A D
Da empregada

Refrão

Riff: **Am D Am D**

Instrumental: **D F D Am**
D F D Am

D F
Que_ro soltar bombas no Congresso

D Am
Fu_mo Hollywood para o meu sucesso

D F
Sempre assisto a Rede Globo

D Am
Com u_ma arma na mão

D F
Se aparece o Francisco Cuoco

D Am
Adeus televisão

Repete desde o 1º riff

Riff: **Am D Am D**

Convenção: **D F**

♩ = 192
N.C.
Baixo
Entra guitarra
Baixo segue simile
Am D
Voz
Pa -
-pai mor - reu
Ma - mãe tam - bém
Es -
-tou so - zi - nho
Eu não te - nho nin - guém
Am C Am C Am C D
Es - sa vi - da me mal - tra - ta 'stou vi - ran - do um p - si - co - pa - ta
Instrumental
Que -
-brei as ja - ne - las
Da mi - nha ca - sa
Ras -

Am D Am D
31 -guei a rou - pa Da em - pre - ga - da
Am C Am C Am C D
35 Es - sa vi - da me mal - tra - ta 'stou vi - ran - do um p - si - co - pa - ta
Am D Am D D F
Instrumental
39
D Am D F D Am
Voz
45 Que -
D F D Am
51 -ro sol - tar bom - bas no con - gres - so Fu - mo Ho - lly - woo - d pa - ra o meu su - ces - so
D F D Am
55 Sem - pre as - sis - to a Re - de Glo - bo com u - ma ar - ma na mão Se
D F D Am
59 a - pa - re - ce o Fran - cis - co Cuo - co a - deus - te - le - vi - são
Ao 𝄋
Am D Am D D F
Instrumental
Convenção
63

Tédio

BRUNO, SHEIK,
MIGUEL e ÁLVARO

Em

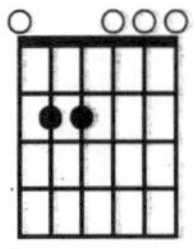

G

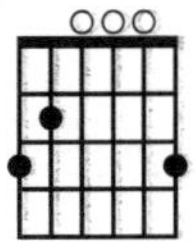

Am

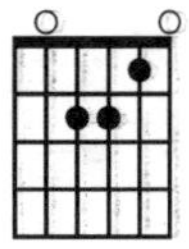

Bm

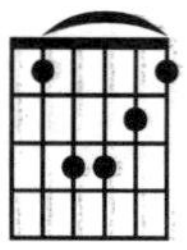

Introdução: **Em**

Em
Sabe esses dias em que horas dizem nada

E você nem troca o pijama preferia estar na cama

G **Em**
Um dia a monotonia tomou conta de mim

G **Em**
É o tédio cortando os meus programas esperando o meu fim

REFRÃO:

Am
Sentado no meu quarto

Em
O tempo voa

Am
Lá fora a vida passa

Em
E eu aqui à toa

Am
Eu já tentei de tudo

Bm
Mas não tenho remé__dio

Em
Pra livrar-me deste tédio

Em
Vejo um programa que não me satisfaz

Leio o jornal que é de ontem pois pra mim tanto faz

G **Em**
Já tive esse problema sei que o tédio é sempre assim

G **Em**
Se tudo piorar não sei do que sou capaz

Refrão

Riff de teclado: **Em**

Vejo um programa *(etc.)*
...não sei do que sou capaz

Refrão

Am **Em**
Tédio, não tenho um programa

Am **Em**
Tédio, esse é o meu drama

Am
O que corrói é o tédio

Bm
Um dia eu fico sério

Em **Am Em Am Em Am Bm Em**
Me atiro deste prédio

♩ = 144

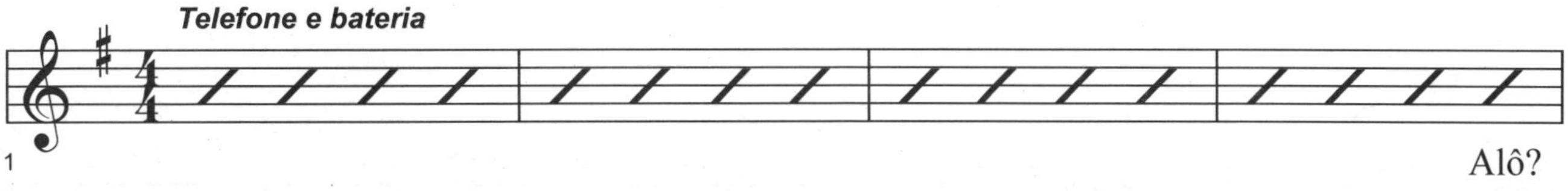

Em
Voz
Sa-be es-ses di-as em que ho-ras di-zem na-da
E vo-cê nem tro-ca o pi-
-ja-ma po-de-ri-a es-tar na ca-ma
G
Um di-a a mo-no-to-ni- a to-mou con-ta de mim
Em
G
É-o té dio cor-tan-do os meus pro-gra-mas es-pe-ran-do o meu
Em
Am
Em
fim
Sen-ta-do no meu quar-to O tem-po vo-a Lá fo-ra a vi-da
Am
Em
Am
pas-sa e eu a-qui à to-a Eu já ten-tei de tu-do Mas não te-nho re-mé-
Bm
Em
-dio Pra li-vrar-me des-se té-dio
Em
Ve-jo o pro-gra-ma que não me sa-tis- faz
Lei-o o jor-nal que é de on-tem pois pra mim tan-to faz
Já

G Em
41 ti - ve‿es - se pro - ble - ma sei que‿o té - dio‿é sem - pre‿as - sim Se
G Em
45 tu - do pi - o - rar não sei do que sou ca - paz Sen - ta - do no meu
Am Em Am Em
49 quar - to o tem - po vo - a Lá fo - ra‿a vi - da pas - sa e‿eu a - qui à to - a eu já ten - tei de
Am Bm Em
Riff de teclado
53 tu - do mas não te - nho re - mé - dio pra li - vrar - me des - se té - dio
56
Ao 𝄋 e 𝄌
Am Em Am
63 té - dio Té - dio, não te - nho um pro - gra - ma Té - dio, es - se é‿o meu
Em Am Bm Em
67 dra - ma O que cor - rói é‿o té - dio Um di - a‿eu fi - co sé - rio‿e Me‿a - ti - ro des - se pré - dio
Am Em Am Em Am Bm Em
Instrumental
71

Rio 40 graus

FERNANDA ABREU,
FAUSTO FAUCETT e
CARLOS LAUFER

Bm7

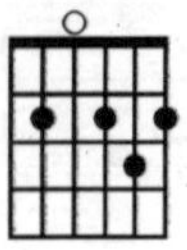

Bm7
Rio quarenta graus
Rio quarenta graus

Rio quarenta graus
Cidade maravilha, purgatório da beleza e do caos
Rio quarenta graus
Cidade maravilha, purgatório da beleza e do caos

Capital do sangue quente do Brasil
Capital do sangue quente do melhor
E do pior do Brasil
Capital do sangue quente do Brasil
Capital do sangue quente do melhor
E do pior do Brasil
Cidade sangue quente maravilha mutante

O Rio é uma cidade de cidades misturadas
O Rio é uma cidade de cidades camufladas
Com governos misturados camuflados paralelos
Sorrateiros ocultando comandos

Comando de comando, submundo oficial
Comando de comando, submundo bandidaço
Comando de comando, submundo classe média
Comando de comando, submundo camelô
Comando de comando, submáfia manicure
Comando de comando, submáfia de boate
Comando de comando, submundo de madame
Comando de comando, submundo da T V
Submundo deputado, submáfia aposentado
Submundo de papai, submáfia da mamãe
Submundo da vovó, submáfia criancinha
É submundo dos filhinhos
Na cidade sangue quente na cidade maravilha mutante

Rio quarenta graus
Cidade maravilha, purgatório da beleza e do caos
Rio quarenta graus
Cidade maravilha, purgatório da beleza e do caos
Rio quarenta graus
Purgatório da beleza e do caos

É Rio quarenta graus
Quem é dono desse beco, quem é dono dessa rua
De quem é esse edifício, de quem é esse lugar
Quem é dono desse beco, quem é dono dessa rua
De quem é esse edifício, de quem é esse lugar
É meu esse lugar sou carioca pô
Eu quero meu crachá sou carioca pô

Canil veterinário é assaltado liberando
Cachorrada doentia atropelando

Na xinxa das esquinas de macumba violenta
Escopeta de sainha plissada
Na xinxa das esquinas de macumba gigantesca
Escopeta de shortinho algodão
Cachorrada doentia do Joá
Cachorrada doentia São Cristóvão
Cachorrada doentia Bonsucesso
Cachorrada doentia Madureira
Cachorrada doentia da Rocinha
Cachorrada doentia do Estácio
Na cidade sangue quente, na cidade maravilha mutante

Rio quarenta graus
Cidade maravilha, purgatório da beleza e do caos
Rio quarenta graus
Cidade maravilha, purgatório da beleza e do caos
Rio quarenta graus
Purgatório da beleza e do caos

A novidade cultural da garotada favelada
Suburbana classe média marginal é informática metralha
Sub Uzi equipadinha com cartucho musical
De batucada digital
Gatilho de disquete, marcação pagode funk
De gatilho marcação do sambalanço
Com batuque digital da sub Uzi musical
De batucada digital
É! Nem um batuque inovação de marcação
Pra pagodeira, curtição de falação de batucada

Com cartucho sub Uzi de batuque digital
Metralhadora musical. Oh! Yeah!

De marcação invocação
Pra gritaria de torcida da galera funk
De marcação invocação
Pra gritaria de torcida da galera samba
De marcação invocação
Pra gritaria de torcida da galera tiroteio, tiroteio
De gatilho digital de sub Uzi equipadinha
Com cartucho musical de contrabando militar
Da novidade cultural da garotada favelada
Suburbana de shortinho e de chinelo sem camisa
Carregando sub Uzi equipadinha com cartucho musical
De batucada digital. Uhlalá!

Na cidade sangue quente, na cidade maravilha mutante
Rio quarenta graus
Cidade maravilha, purgatório da beleza e do caos
Rio quarenta graus
Cidade maravilha, purgatório da beleza e do caos
Rio quarenta graus
Purgatório da beleza e do caos

Capital do sangue quente do Brasil
Capital do sangue quente do melhor
E do pior do Brasil

Repete ad libitum
Rio quarenta graus
Cidade maravilha, purgatório da beleza e do caos

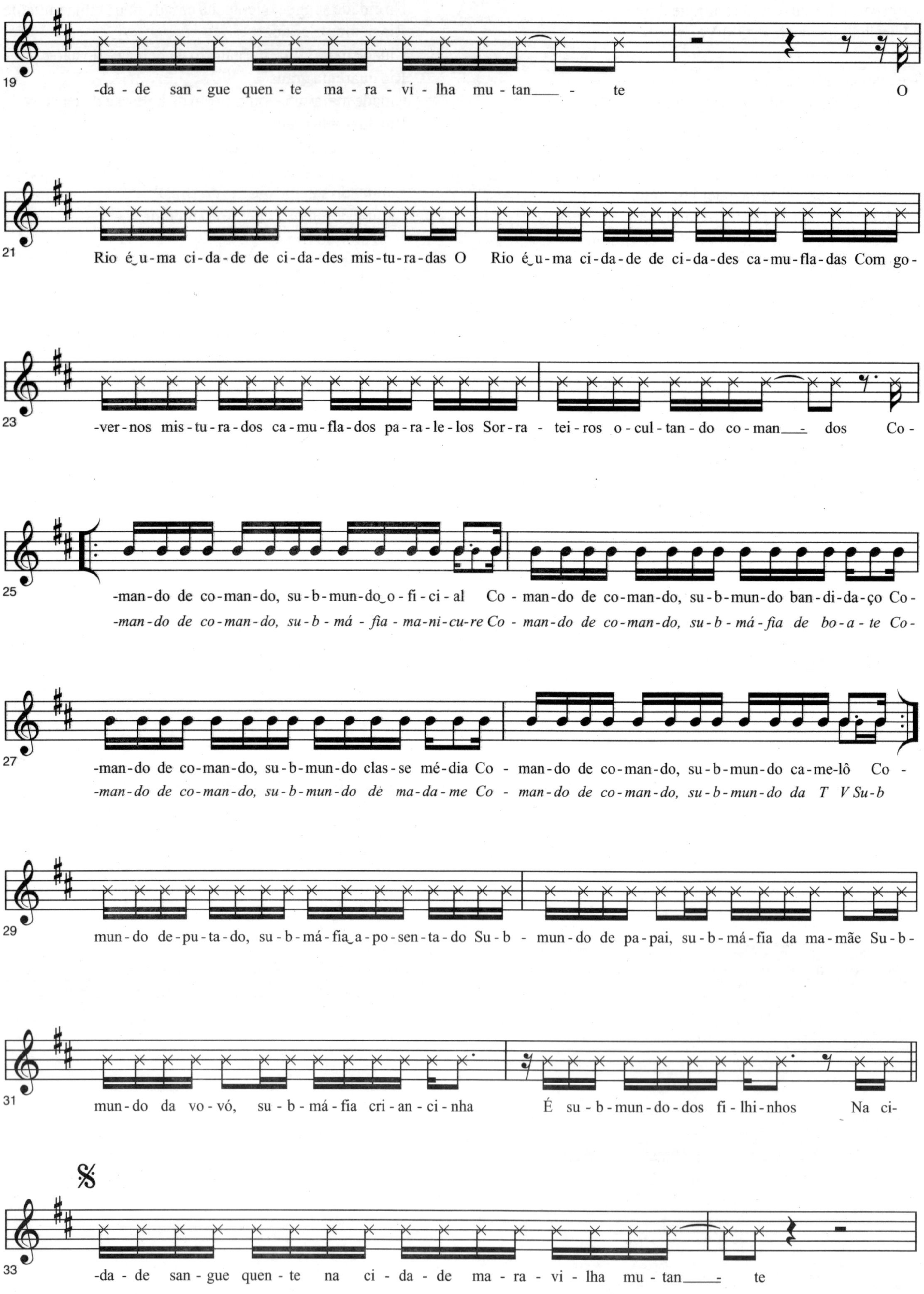
19
-da - de san - gue quen - te ma - ra - vi - lha mu - tan___ - te O
21
Rio é‿u-ma ci-da-de de ci-da-des mis-tu-ra-das O Rio é‿u-ma ci-da-de de ci-da-des ca-mu-fla-das Com go-
23
-ver-nos mis-tu-ra-dos ca-mu-fla-dos pa-ra-le-los Sor-ra - tei-ros o-cul-tan-do co-man___- dos Co-
25
-man-do de co-man-do, su-b-mun-do‿o-fi-ci-al Co - man-do de co-man-do, su-b-mun-do ban-di-da-ço Co-
-man-do de co-man-do, su-b-má - fia - ma-ni-cu-re Co - man-do de co-man-do, su-b-má-fia de bo-a-te Co-
27
-man-do de co-man-do, su-b-mun-do clas-se mé-dia Co-man-do de co-man-do, su-b-mun-do ca-me-lô Co -
-man-do de co-man-do, su-b-mun-do de ma-da-me Co - man-do de co-man-do, su-b-mun-do da T V Su-b
29
mun-do de-pu-ta-do, su-b-má-fia‿a-po-sen-ta-do Su-b - mun-do de pa-pai, su-b-má-fia da ma-mãe Su-b-
31
mun-do da vo-vó, su-b-má-fia cri-an-ci-nha É su-b-mun-do-dos fi-lhi-nhos Na ci-
33
-da - de san - gue quen - te na ci - da - de ma - ra - vi - lha mu - tan___- te

35
Ri - o qua - ren - ta graus Ci - da - de ma - ra - vi - lha, pur - ga - tó - rio da be - le - za‿e do caos
37
Ri - o qua - ren - ta graus Pur - ga - tó - rio da be - le - za‿e do caos
2
39
É Ri - o qua - ren - ta graus Quem é do - no des - se be - co, quem é do - no des - sa ru - a De quem
42
1.
é es - se‿e - di - fí - cio, de quem é es - se lu - gar quem É
2.
é es - ‿e - di - fí - cio, de quem é es - se lu - gar É
44
meu es - se lu - gar sou ca - ri - o - ca pô Eu
46
que - ro meu cra - chá sou ca - ri - o - ca pô Ca-
48
-nil ve - te - ri - ná - rio‿é as - sal - ta - do li - be - ran - do Ca - chor - ra - da do - en - ti - a‿a - tro - pe - lan - do Na
50
xin - xa das es - qui - nas de ma - cum - ba vi - o - len - ta‿Es - co - pe - ta de sa - i - nha plis - sa - da Na
xin - xa das es - qui - nas de ma - cum - ba gi - gan - tes - ca‿Es - co - pe - ta de shor - ti - nho al - go - dão ca - chor-

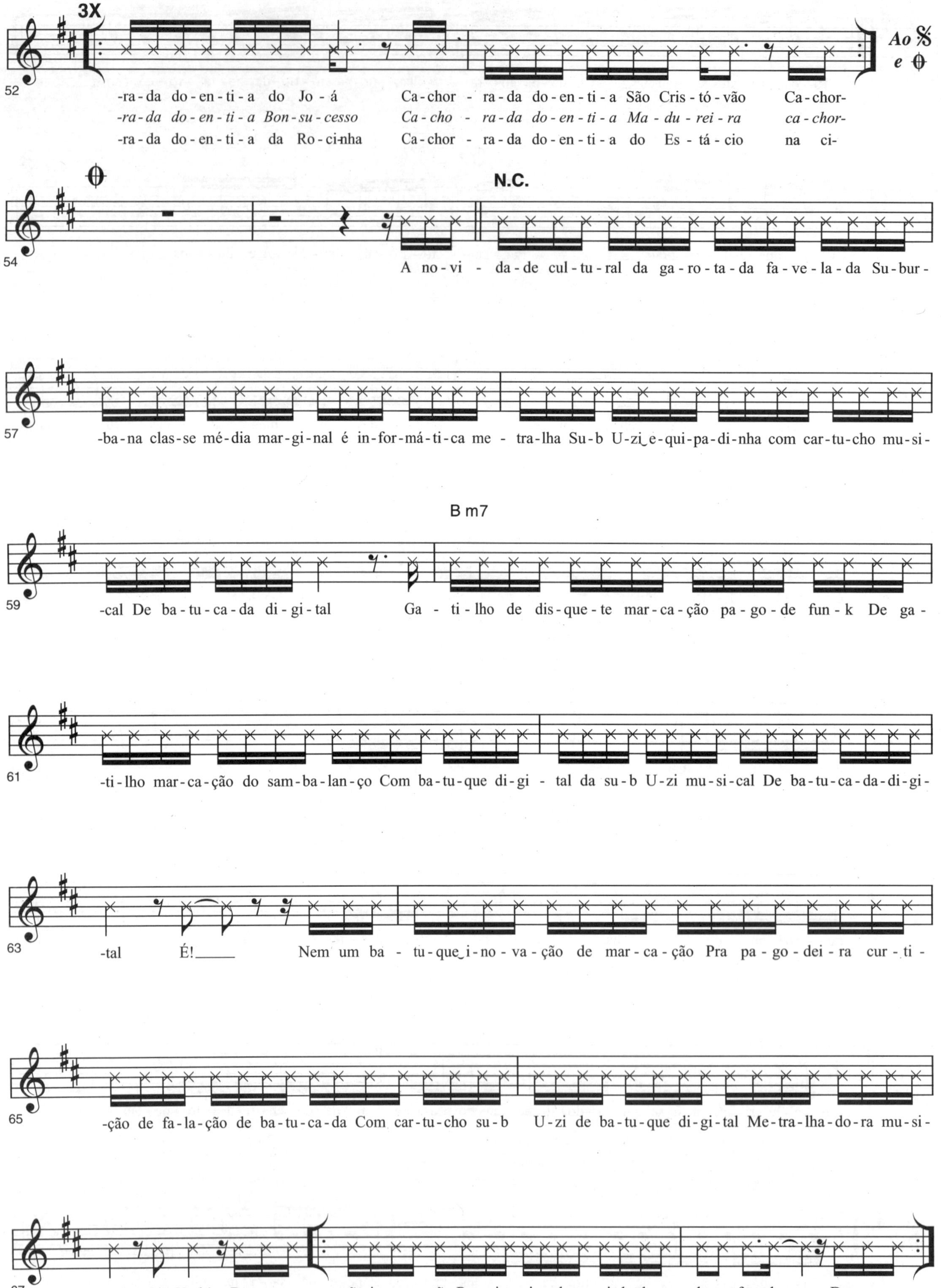
3X
52
-ra-da do-en-ti-a do Jo-á Ca-chor - ra-da do-en-ti-a São Cris-tó-vão Ca-chor-
-ra-da do-en-ti-a Bon-su-cesso Ca-cho - ra-da do-en-ti-a Ma-du-rei-ra ca-chor-
-ra-da do-en-ti-a da Ro-ci-nha Ca-chor - ra-da do-en-ti-a do Es-tá-cio na ci-
Ao 𝄋 e 𝄌
𝄌
N.C.
54
A no-vi - da-de cul-tu-ral da ga-ro-ta-da fa-ve-la-da Su-bur-
57
-ba-na clas-se mé-dia mar-gi-nal é in-for-má-ti-ca me - tra-lha Su-b U-zi‿e-qui-pa-di-nha com car-tu-cho mu-si-
B m7
59
-cal De ba-tu-ca-da di-gi-tal Ga - ti-lho de dis-que-te mar-ca-ção pa-go-de fun-k De ga-
61
-ti-lho mar-ca-ção do sam-ba-lan-ço Com ba-tu-que di-gi - tal da su-b U-zi mu-si-cal De ba-tu-ca-da-di-gi-
63
-tal É!___ Nem um ba - tu-que‿i-no-va-ção de mar-ca-ção Pra pa-go-dei-ra cur-ti-
65
-ção de fa-la-ção de ba-tu-ca-da Com car-tu-cho su-b U-zi de ba-tu-que di-gi-tal Me-tra-lha-do-ra mu-si-
67
-cal Oh! Yeah! De mar-ca - ção in-vo-ca-ção Pra gri-ta-ri-a de tor-ci-da da ga - le-ra fun-k___ De mar-ca-
-ção in-vo-ca-ção Pra gri-ta-ri-a de tor-ci-da da ga - le-ra sam-ba___ De mar-ca-

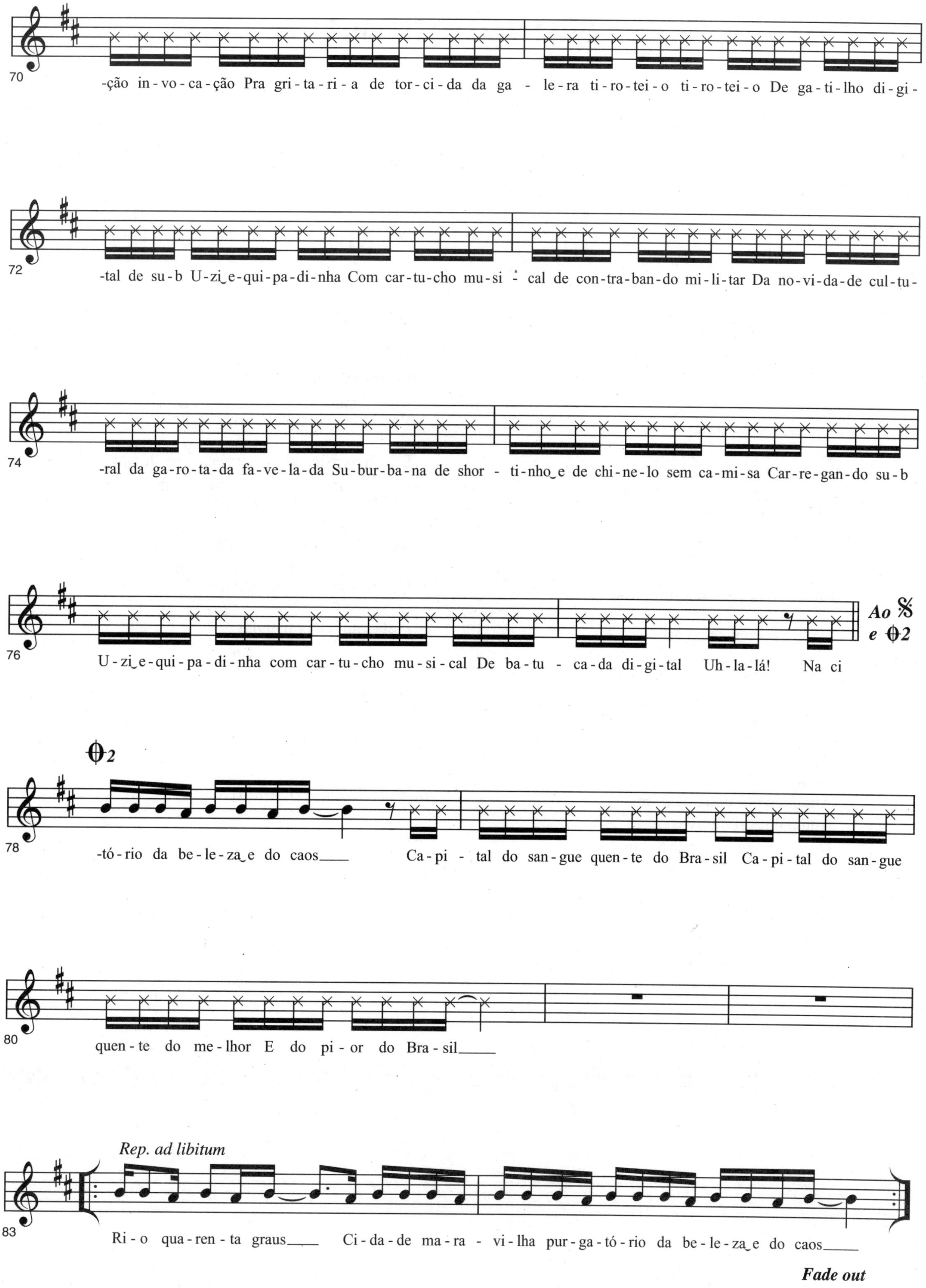
70
-ção in-vo-ca-ção Pra gri-ta-ri-a de tor-ci-da da ga - le-ra ti-ro-tei-o ti-ro-tei-o De ga-ti-lho di-gi-
72
-tal de su-b U-zi‿e-qui-pa-di-nha Com car-tu-cho mu-si - cal de con-tra-ban-do mi-li-tar Da no-vi-da-de cul-tu-
74
-ral da ga-ro-ta-da fa-ve-la-da Su-bur-ba-na de shor - ti-nho‿e de chi-ne-lo sem ca-mi-sa Car-re-gan-do su-b
76
U-zi‿e-qui-pa-di-nha com car-tu-cho mu-si-cal De ba-tu - ca-da di-gi-tal Uh-la-lá! Na ci
Ao 𝄋 e 𝄌2
𝄌2
78
-tó-rio da be-le-za‿e do caos___ Ca-pi - tal do san-gue quen-te do Bra-sil Ca-pi-tal do san-gue
80
quen-te do me-lhor E do pi-or do Bra-sil___
Rep. ad libitum
83
Ri-o qua-ren-ta graus___ Ci-da-de ma-ra - vi-lha pur-ga-tó-rio da be-le-za‿e do caos___
Fade out

Manguetown

CHICO SCIENCE,
LÚCIO MAIA e DENGUE

Em
G
F♯m
B7

Introdução: **Em**

Em G Em G Em G Em G
Êêê! Há! Há!

Em G
Tô enfiado na lama
Em G
É um bairro sujo
Em G
Onde os urubus têm casas
Em G
E eu não tenho asas
F♯m
Mas estou aqui em minha casa
Onde os urubus têm asas
Em G
Vou pintando, segurando a parede
Em G
Do mangue do meu quintal Man_guetown

REFRÃO:

B7
Andando por entre os becos
Andando em coletivos
Ninguém foge ao cheiro sujo
Da lama da Manguetown
Andando por entre os becos
Andando em coletivos
Ninguém foge à vida suja
Dos dias da Manguetown

Instrumental (4Xs): **Em G**

Em G
Esta noite sairei
Em G
Vou beber com meus amigos, ha!
Em G
E com as asas que os urubus me deram ao dia
Em G Em G
Oh! Voarei por toda a periferia
Em G
Vou sonhando com a mulher
Em G
Que talvez eu possa encontrar
Em G
E ela também vai andar
Em
Na lama do meu quintal
G
Man_guetown

Refrão

Instrumental (8Xs): **Em G**

Refrão

Repete 4Xs:

Em
Fui no mangue catar lixo
G
Pegar caranguejo, conversar com urubu

♩ = 136
Em
Baixo
Baixo e percussão
Em G
Instrumental
1
Êêê!
Há! Há!
Em G Em G Em G Em G
9

Em G Em G
Voz
Tô en - fi - a - do na la - ma É um bair - ro su - jo On - de‿os
Em G Em G
u - ru - bus têm ca - sas E eu não te - nho a - sas Mas es -
F♯m
-tou a - qui__ em mi - nha ca - sa On - de‿os u - ru - bus têm a - sas Vou pin -
Em G Em G
-tan - do, se - gu - ran - do a pa - re - de Do man - gue do meu quin - tal Man__ - gue__ - town__ An -
B7
1.
-dan - do por en - tre‿os be - cos An - dan - do em co - le - ti - vos Nin - guém fo - ge‿ao chei - ro su - jo Da
2.
la - ma da Man - gue - town An- -guém fo - ge‿à vi - da su - ja Dos di - as da Man - gue - town
Em G Em G Em G Em
Instrumental
G Em G Em G
Es - ta noi - te sa - i - rei Vou be - ber com‿os meus a - mi - gos, há! E com as -

Em G Em G
51
a-sas que os u-ru-bus me de-ram ao di-a Oh! Vo-a-rei por to - da pe-
Em G Em G Em
55
-ri-fe-ri-a Vou so-nhan-do com a mu-lher Que tal-vez eu pos-sa en - con-trar
G Em G Em
60
E e-la tam-bém vai an-dar Na la-ma do meu quin-tal Man-
Ao 𝄋 e 𝄌
𝄌 G Em G Em G
64
Em G Em G
Voz
69
An
B7
73
-dan-do por en-tre os be-cos An-dan-do em co-le-ti-vos Nin-guém fo-ge ao chei-ro su-jo Da
1.
76
la-ma da Man-gue-town An- -guém fo-ge à vi-da su-ja Dos di-as da Man-gue-town
2.
4X
Em G
79
Fui no man-gue ca-tar li-xo Pe-gar ca-ran-gue-jo, con-ver-sar com u-ru-bu

Quadrinhos

HUMBERTO EFFE e
PEQUINHO

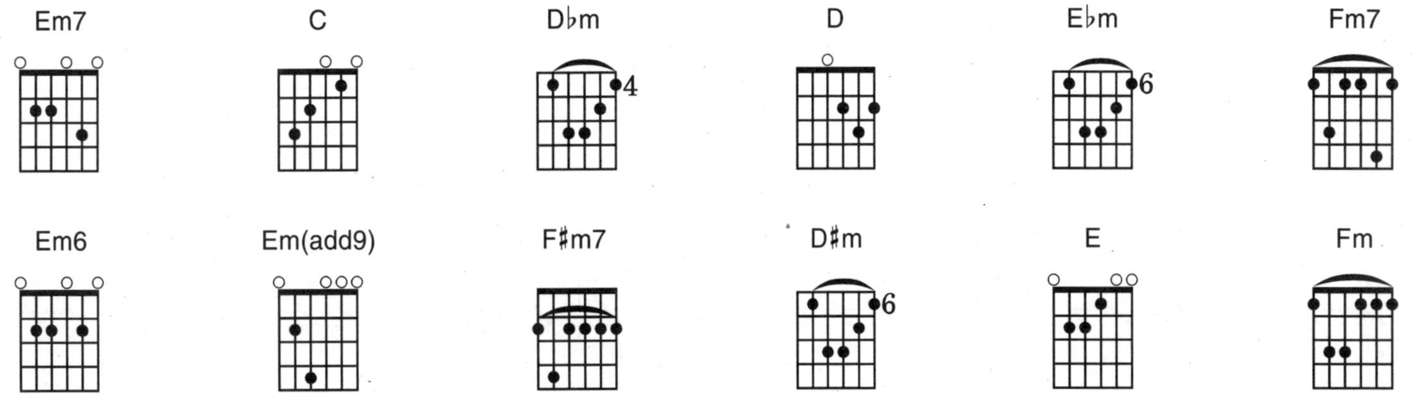

Introdução: **Em7**

Em7
A carta que você escreveu não dizia a verdade

Você mentiu da mesma forma que os jornais falam da realidade

Estou desempregado, vagabundo dormindo no seu coração

Um soldado solitário, que não pode comer nem um pedaço do seu pão

REFRÃO (2Xs):

C **D♭m** **D**
Meu amor olhe pros lados

E♭m **Em7**
Desde crian__ça só lemos os quadrinhos dos jornais

Em7 **Fm** **Em7** **Fm**
Quero virar manchete, cansei de ser croquete

Em7
De ser engolido pelas grandes notícias, tanta falsidade

Vendo bem debaixo da minha barba mil coisas acontecendo

Não é o sol do verão que vai mudar esse mau tempo

Refrão

Base funkeada: **Em7 Em6 Em7 Em6 Em(add9)**

Solo de guitarra: **F♯m7 D D♯m E Fm F♯m7**
D D♯m E Fm F♯m7

Quero virar manchete *(etc.)*
... mudar esse mau tempo

Refrão

Vocalise (7Xs): **C D♭m D E♭m Em7**

Final: **C D♭m D E♭m D E♭m Em7**

Quadrinhos

HUMBERTO EFFE e
PEQUINHO

♩ = 140
Convenção
1
E m7
Base funkeada
7
Voz
14
A car - ta que vo - cê‿es - cre - veu não di - zi‿a‿a ver - da - de Vo -
17
-cê men-tiu da mes-ma for-ma que‿os jor- nais fa- lam da re-a-li-da-de Es - tou de-sem - pre-ga-do va-ga-bun-do dor-
20
-min - do no seu co - ra - ção Sol - da - do so - li - tá - rio que não po - de co - mer nem um pe - da - ço do seu
C D♭m D E♭m E m7
23
pão Meu a - mor o - lhe pros la - dos Des - de cri - an - ças só le - mos os qua - dri - nhos dos jor nais
C D♭m D E♭m E m7
27
Meu a - mor o - lhe pros la - dos Des - de cri - an - ças só le - mos os qua - dri - nhos dos jor - nais

Em7 Fm7 Em7 Fm7
Que-ro vi-rar man-che-te can-sei de ser cro-que-te De ser en-go-li-do pe-las gran-des no-tí-cias,
Em7
quan-ta fal-si-da-de Ven-do bem de-bai-xo da m'nha bar-ba mil coi-sas a-con-te-cen-do Não
C D♭m
é o sol do ve-rão que vai mu-dar es-se mau tem-po Meu a-mor o-lhe pros
Em E♭m Em7
la-dos Des-de cri-an-ças só le-mos os qua-dri-nhos dos jor-nais
C D♭m Em E♭m Em7
Meu a-mor o-lhe pros la-dos de cri-an-ças só le-mos os qua-dri-nhos dos jor-nais
Em7 Em6 Em7 Em6 Em(add9) F♯m7
Base funkeada
Solo de guitarra
D D♯m E Fm F♯m7 F♯m7
Ao 𝄋 e 𝄌
7X C D♭m D E♭m Em7 C D♭m D E♭m D E♭m Em7
Vocalise

Ovelha negra

RITA LEE

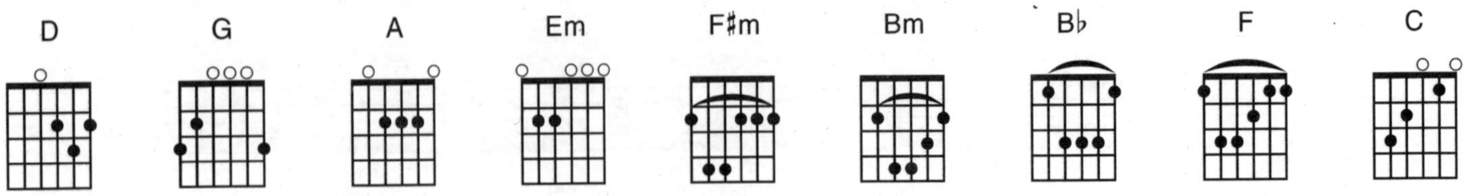
D
G
A
Em
F♯m
Bm
B♭
F
C

D G D G
Levava uma vi_da sossegada

D G D G
Gostava de som_bra e água fres_ca

D G A Em F♯m A
Meu Deus quanto tem_po eu passei sem sa__ber, hum!

D G D G
Foi quando meu pai me disse filha

D G D G
Você é a ovelha negra da família

D G A Em F♯m A
Agora é hora de você as__su__mir, hum! E sumir

G Bm B♭ F
Baby, ba__by não adianta chamar

C G A
Quando alguém está perdido, procurando se encontrar ah!

G Bm B♭ F
Baby, ba__by não vale a pena esperar, oh! Não

C G A
Tire isso da cabeça, ponha o resto no lugar ah!

Vocalise (Ah! Tchu tchu tchu): **A**

Repete do início

Solo de guitarra (repete ad. lib. e fade out):
G Bm B♭ F C G A

♩ = 120
D G D G
1
Le - va - va_u - ma vi_ - da_ sos - se_ - ga - da_
Foi quan - do_o meu pai_ me_ dis - se_ fi - lha_
D G D G
5
Gos - ta - va de som_ - bra_e_ á_ - gua_ fres_ - ca_
Vo - cê_é_a_o - ve - lha ne_ - gra_ da_ fa_ - mí_ - lia_
D G A Em F♯m
9
Meu Deus quan - to tem_ - po_ eu_ pas_ - sei_ sem_ sa -
A - go - ra é ho_ - ra_ de_ vo_ - cê_ as_ - su -

A
-ber
-mir
Hum!
Hum!
E su - mir
G Bm B♭ F
Ba - by, ba - by
Ba - by, ba - by
não a - dian - ta cha - mar
não va - le a pe - na es - pe - rar
Oh! Não
C G A
Quan - do al - guém es - tá per - di - do,
Ti - re is - so da ca - be - ça,
pro - cu - ran - do se en - con - trar
po - nha o res - to no lu - gar
ah!
A
Ah!
Ah! Ah!
Ah!
Tchu tchu tchu tchu!
Ah!
Ah!
Ah! Ah!
Ah!
Tchu tchu tchu tchu
Ah!
Ao 𝄋 e 𝄌
Rep. ad libitum
G Bm B♭
Solo de guitarra
Vai su - mir!
F C G A
Fade out

A festa do Santo Reis

MÁRCIO LEONARDO

[D] [A] [E]

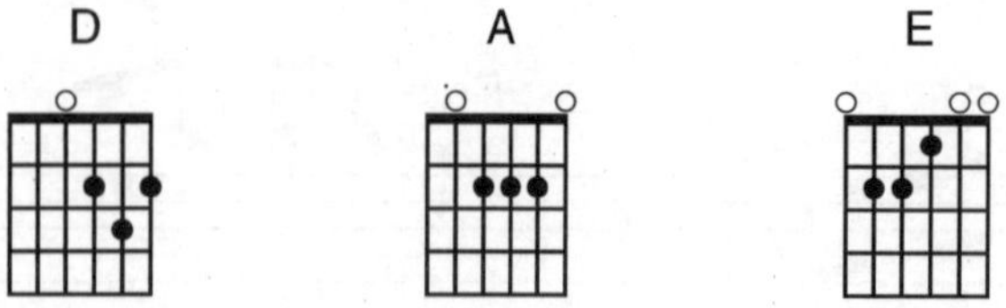

Intodução: **D A E D A E**

  D   A   E
Hoje é o dia de Santo Reis

             D
Anda meio esqueci_do

    A   E
Mas é o dia da festa de Santo Reis

  D   A   E
Hoje é o dia de Santo Reis

             D
Anda meio esquecido

    A   E
Mas é o dia da festa de Santo Reis

             D
Eles chegam tocan_do

  A   E
Sanfona e violão

             D
Os pandeiros de fi_ta

  A   E
Carregam sempre na mão

            D
Eles vão levan_do

  A   E
Levando o que po_de

           D
Se deixar com e_les

  A   E
Eles levam até os bo_des

            D A
É, os bodes da gen_te

          E
É, os bodes, mé

            D A
É, os bodes da gen_te

          E
É, os bodes, mé

Instrumental: **D A E**

Final fade out:

  D   A   E
Hoje é o dia de Santo Reis

Copyright © by WARNER CHAPPELL EDIÇÕES MUSICAIS.
Todos os direitos autorais reservados para todos os países. *All rights reserved.*

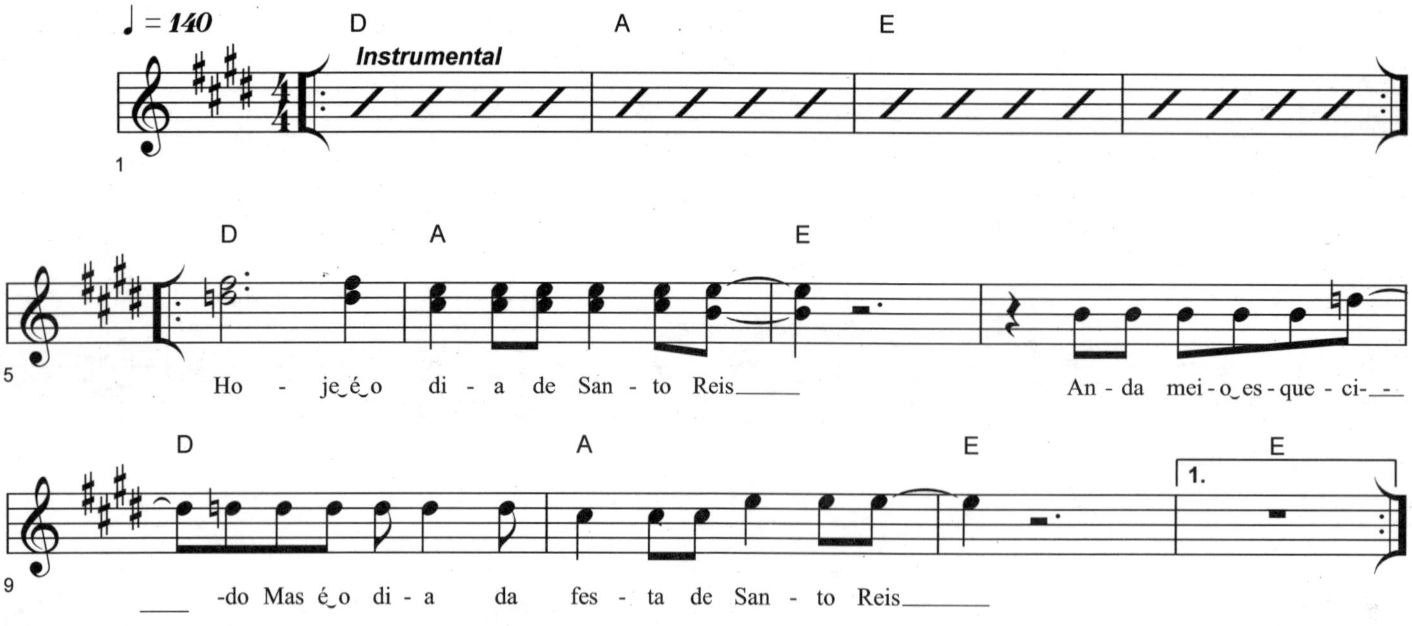

E - les che - gam to - can - do San - fon - na e vi - o - lão
-ta Car - re - gam sem - pre na mão
Os pan - dei - ros de fi- E - les vão le van - do Le -
-van - do o que po - de Se dei - xar com e-
-les E - les le - vam a - té os bo - des
É, os bo - des da gen - te É, os bo - des, mé
Instrumental
Rep. ad libitum
Ho - je é o di - a de San - to Reis
Improvisos de voz
Fade out

A fórmula do amor

LEONI e
LÉO JAIME

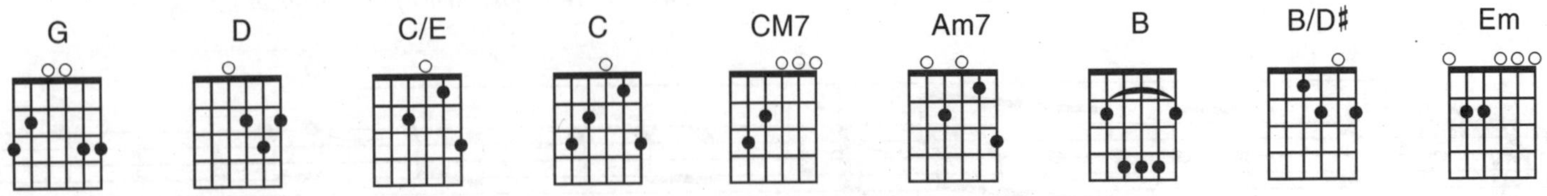
G
D
C/E
C
CM7
Am7
B
B/D♯
Em

Introdução (4Xs): G D C/E D

G D
Eu tenho o gesto exato
C/E D
Sei como devo andar
G D C/E D
Aprendi nos filmes pra um dia usar
C
Um certo ar cruel
CM7
De quem sabe o que quer
Am7 D
Tenho tudo planejado pra te impressionar

G D
Luz de fim de tarde
C/E D
Meu rosto em contra-luz
G D C/E D
Não posso compreender, não faz nenhum efeito
C
A minha aparição
CM7
Será que errei na mão
Am7 D
As coisas são mais fáceis na televisão

B C
Mantenho o passo, alguém me vê
G
Nada acontece
C
Não sei por que
G
Se eu não perdi nenhum detalhe
C D
Onde foi que eu errei?

REFRÃO:

G D C
Ainda encontro a fórmula do amor
D G D C
Ainda encontro a fórmula do amor
D B/D♯ Em
Ainda encontro ô ô ô
C G D
A fórmula, a fórmula do amor

Instrumental (4Xs): G D C/E D

G D
Eu tenho a pose exata
C/E D
Pra me fotografar
G D C/E D
Aprendi nos livros pra um dia usar
C
Um certo ar cruel
CM7
De quem sabe o que quer
Am7 D
Tenho tudo ensaiado pra te conquistar

G D
Eu tenho um bom papo
C/E D
E sei até dançar
G D C/E D
Não posso compreender, não faz nenhum efeito
C
A minha aparição
CM7
Será que errei na mão
Am7 D
As coisas são mais fáceis na televisão

B C
Eu jogo um charme, alguém me vê
G
Nada acontece
C
Não sei por que
G
Se eu não perdi nenhum detalhe
C D
Onde foi que eu errei?

Refrão (2Xs)

Introdução

Eu jogo um charme, alguém me vê *(etc.)*

BIS {
G D C
Ainda encontro a fórmula do amor
D G D C D
Ainda encontro a fórmula do amor
}

♩ = 156
simile
Sax
G D C/E D G D C/E D
Voz
Eu te-nho o ges-to e-xa-to Sei co-mo de-vo an-dar A-pren-di nos fil-mes pr'um di-a u-sar
Eu te-nho a po-se e-xa-ta Pra me fo-to-gra-far A-pren-di nos li-vros pr'um di-a u-sar
C CM7 Am7 D
Um cer-to ar cru-el De-quem sa-be o que quer Te-nho tu-do pla-ne-ja-do pra te im-pres-sio-nar
Te-nho tu-do en-sai-a-do pra te con-quis-tar
Luz de fim de tar-de Meu ros-to em con-tra-luz Não pos-so com-preen-der, não faz ne-nhum e-fei-to
Eu te-nho um bom pa-po E sei a-té dan-çar
A mi-nha a-pa-ri-ção Se-rá que er-rei na mão As coi-sas são mais fá-ceis na te-le-vi-são
B C G C
Man-te-nho o pas-so, al-guém me vê Na-da a-con-te-ce Não sei por-que Se eu não per-
Eu jo-go um char-me, al-guém me vê Na-da a-con-te-ce
-di ne-nhum de-ta-lhe On-de foi que eu er-rei? A-in-da en-

G D C D B/D♯
-con - tro a fór - mu - la do a - mor A - in - da en - con - tro
Em C G D N.C.
ô - ô - ô A fór-mu-la A fór-mu-la do a - mor
D.C. e 1
D G D C
A - in - da en - con - tro A fór - mu - la do a - mor
D B/D♯ Em C G D
A - in - da en - con - tro ô - ô - ô A fór-mu-la A fór-mu-la do a - mor
G D C/E D G D C/E D
Sax
G D C/E D G D C/E D
Ao % e 2
G D C D
1.
-con - tro A fór - mu - la do a - mor A - in - da en -
C C D C C D G
2., 3.
4.
-mor A - in - da en- -mor

Anna Júlia

MARCELO CAMELO

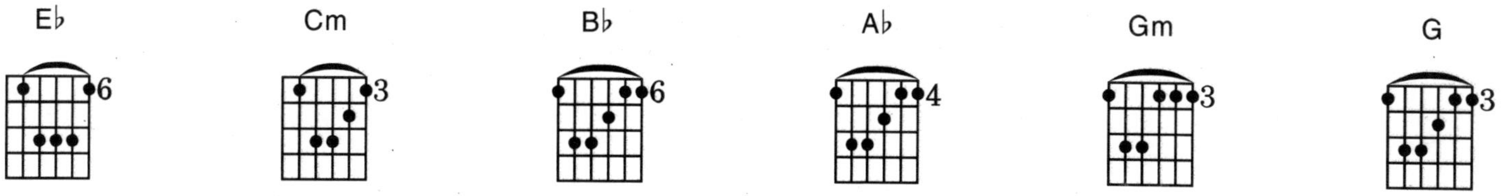

Introdução: **E♭ Cm B♭ E♭ Cm B♭**

E♭ Cm Gm
Quem te vê passar assim por mim
A♭ B♭ E♭
Não sabe o que é sofrer
Cm Gm
Ter que ver você assim
A♭ B♭
Sempre tão linda
E♭ Cm Gm
Contemplar o sol do teu olhar
A♭ B♭ E♭
Perder você no ar
Cm Gm
Na certeza de um amor
A♭ B♭ Cm
Me achar um nada

Gm
Pois sem ter teu carinho
A♭
Eu me sinto sozinho
B♭
Eu me afogo em solidão

REFRÃO:
E♭ A♭ B♭
Oh! Anna Júlia
E♭ A♭ B♭
Oh! Anna Júlia

E♭ Cm Gm
Nunca acreditei na ilusão
A♭ B♭ E♭
De ter você pra mim
Cm Gm
Me atormenta a previsão
A♭ B♭
Do nosso destino
E♭ Cm Gm
Eu passando o dia a te esperar
A♭ B♭ E♭
Você sem me notar
Cm Gm
Quando tudo tiver fim
A♭ B♭ Cm
Você vai estar com um cara
Gm
Um alguém sem carinho
A♭
Será sempre um espinho
B♭
Dentro do meu coração

Refrão

Instrumental: **E♭ A♭ B♭ (4Xs)**
Cm Gm A♭ E♭
Cm Gm A♭ B♭

Cm Gm A♭ E♭
Sei que você já não quer o meu amor
Cm Gm A♭ E♭
Sei que você já não gosta de mim
Cm G A♭ E♭
Eu sei que eu não sou quem você sempre sonhou
Cm G A♭ B♭
Mas vou reconquistar o seu amor todo pra mim

Refrão

E♭ A♭ B♭
Oh! Anna Júlia
E♭
Oh! Anna Júlia
A♭ B♭
Júlia, Júlia
E♭
Ô, ô, ô

Anna Júlia

MARCELO CAMELO

♩ = 152
Instrumental
Voz
E♭ Cm B♭ E♭ Cm
Quem te vê pas - sar as - sim por
Con - tem - plar o sol do teu o -
Nun - ca a - cre - di - tei na i - lu -
Eu pas - san - do o di - a a te es - pe -
Gm A♭ B♭ E♭ Cm
mim Não sa - be o que é so - frer Ter que ver vo - cê as -
-lhar Per - der vo - cê no ar Na cer - te - za de um a
-são De ter vo - cê pra mim Me a - tor - men - ta a pre - vi -
-rar Vo - cê sem me no - tar Quan - do tu - do - ti - ver
Gm A♭ B♭ A♭ B♭ Cm
(3ª e 4ª vez)
(2ª vez)
-sim Sem - pre tão lin - da Me a - char um na - da
-mor -cê vai es - tar com um ca - ra
-são Do nos - so des - ti - no
fim Vo-
Gm A♭
Pois sem ter teu ca - ri - nho Eu me sin - to so - zi - nho
Um al - guém sem ca - ri - nho Se - rá sem - pre um es - pi - nho
B♭
Eu me a - fo - go em so- li- dão
Den - tro do meu co- ra- ção
B♭ E♭ A♭ B♭ B♭
Oh! An - na Jú - lia
Ao 𝄋 c/ rep.

Guitarra
E♭ A♭ B♭ E♭ A♭ B♭
27
E♭ A♭ B♭ Cm Gm A♭ E♭
3
31
Cm Gm A♭ B♭
37
♩ = 66
Voz
Cm Gm A♭ E♭ A♭
1. 2.
42
Sei que vo - cê já não quer o meu a - mor gos - ta de
E♭ Cm G A♭
47
mim Eu sei que‿eu não sou quem vo - cê sem - pre so -
E♭ Cm G A♭ B♭
51
-nhou Mas vou re - con - quis - tar o seu a - mor to - do pra mim
Tempo primo
B♭ E♭ A♭ B♭
57
Oh! An - na Jú - lia Oh! An - na
E♭ A♭ B♭ A♭ B♭ E♭
1. 2.
62
Jú - lia Jú - lia Jú - lia Ô

Dê um rolê

MORAES e
GALVÃO

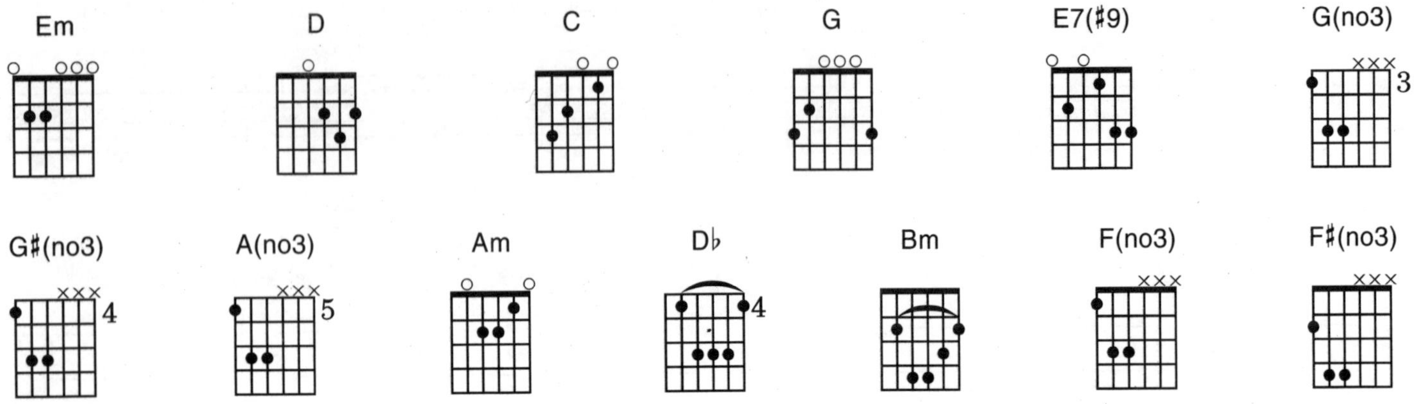

Introdução: ***Em D C G Em D C G Em D C G***
E7(♯9) G(no3) G♯(no3) A(no3) E7(♯9)
G(no3) G♯(no3) A(no3)

E7(♯9) G(no3) G♯(no3) A(no3)
Não se assuste pessoa
E7(♯9) G(no3) G♯(no3) A(no3)
Se eu lhe disser que a vida é boa
E7(♯9) G(no3) G♯(no3) A(no3)
Não se assuste pessoa
E7(♯9)
Se eu lhe disser que a vida é boa

D Am
Enquanto eles se ba__tem
G D
Dê um role e você vai ouvir
Am G
Apenas quem já dizi_a
D
Eu não tenho nada
C G
Antes de você ser eu sou

3 Xs:

Em
Eu sou
D
Eu sou
D♭ C
Eu sou amor
G
Da cabe_ça aos pés

Em D
E só tô beijando o rosto de quem dá valor
C Bm
Pra quem vale mais o gosto do que cem mil réis

2 Xs:

Em
Eu sou
D
Eu sou
D♭ C
Eu sou amor
G
Da cabe_ça aos pés

Em
Eu sou
D
Eu sou
D♭ C
Eu sou amor
F(no3) F♯(no3) G(no3)
Da cabe______ça aos pés

Não se assuste pessoa *(etc.)*

Em
Eu sou
D
Eu sou

4 Xs:

D♭ C
Eu sou amor
F(no3) F♯(no3) G(no3)
Da cabe______ça aos pés

♩ = 132
N.C.
Guitarra
1.
2.
Em
D
C
G
3
E7(♯9)
G(no3) G♯(no3) A(no3)
Voz
8va
Não se as - sus - te pes - so - a
Se eu lhe dis - ser que a vi - da é bo - a

D Am G D
28
En-quan-to e-les se ba-tem Dê um ro-lê e vo-cê vai ou-vir
Am G D C G
32
A-pe-nas quem já di-zi-a Eu não te-nho na-da An-tes de vo-cê ser eu sou Eu
3X
Em D D♭ C G
1., 2.
37
sou Eu sou Eu sou a-mor Da ca-be-ça aos pés Eu
G Em D
3.
41
-ça aos pés E só tô bei-jan-do o ros-to de quem dá va-lor
C Bm Em
3X
44
Pra quem va-le mais o gos-to do que cem mil réis Eu sou Eu sou
(2ª vez)
D D♭ C G
1., 2.
47
Eu sou a-mor Da ca-be-ça aos pés Eu
F(no3) F♯(no3) G(no3)
3.
50
-ça aos pés
Ao 𝄋 c/ rep. e 𝄌
3X
F(no3) F♯(no3) G(no3)
51
-ça aos pés Eu
Em D D♭ C F(no3) F♯(no3) G(no3)
52
sou Eu sou Eu sou a-mor Da ca-be- -ça aos pés

Camila, Camila

THEDY CORREA,
CARLOS STEIN e
SADY HOMRICH

D(add9) Em7 G6 C(add9) Bm(add11) Am7 D7(9)/F♯ Bm CM7

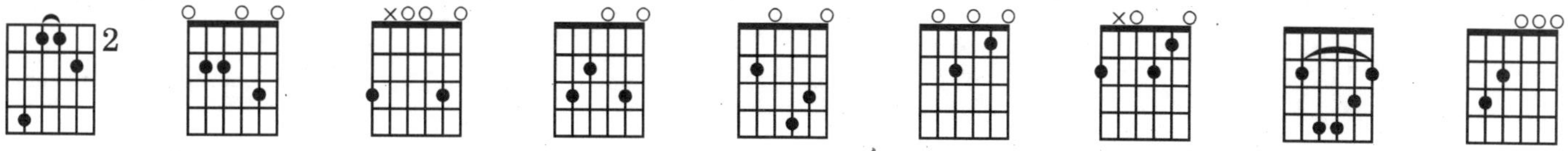

Introdução: **D(add9)**

D(add9)
Depois da última noite de festa
Em7 **G6**
Chorando e esperando amanhecer
D(add9)
Amanhecer

As coisas aconteciam
Em7
Com alguma explicação
G6 **D(add9)**
Com alguma explicação

Depois da última noite de chuva
Em7 **G6**
Chorando e esperando amanhecer
D(add9)
Amanhecer

Às vezes peço a ele
Em7
Que vá embora
G6
Que vá embora
D(add9)
Ô

REFRÃO:

C(add9) **Bm(add11)** **Am7**
Camila, Camila, Camila

G6
E eu que tenho medo até de suas mãos
D7(9)/F♯
Mas o ódio cega e você não percebe
Bm **CM7**
Mas o ódio cega
G6
E eu que tenho medo até do seu olhar
D7(9)/F♯
Mas o ódio cega e você não percebe
Bm **CM7**
Mas o ódio cega

Instrumental (2Xs): **D(add9) Em7 G6**

D(add9)
A lembrança do silêncio
Em7
Daquelas tardes
G6 **D(add9)**
Daquelas tar__des

Da vergonha do espelho
Em7
Naquelas marcas
G6 **D(add9)**
Naquelas mar__cas

Havia algo de insano
Em7
Naqueles olhos
G6 D(add9)
Olhos insanos

Os olhos que passavam o dia
Em7
A me vigiar
G6
A me vigiar
D(add9)
Ô

Refrão (2Xs)

Duas vezes:

C(add9)
E eu que tinha apenas dezessete anos
Bm(add11)
Baixava minha cabeça pra tudo
Am7
Era assim que as coisas aconteciam

Era assim que eu via tudo acontecer

Refrão (2Xs)

Instrumental fade out: **Am7**
D(add9) Em7 G6

Camila, Camila

THEDY CORREA,
CARLOS STEIN e
SADY HOMRICH

♩ = 152
D (add9)
Guitarra
Voz
D (add9)
E m7
De - pois da úl - ti-ma noi te de fes ta Cho - ran-do e es pe-ran-do
G 6
D (add9)
a - ma - nhe - cer
A - ma - nhe - cer
As coi-sas a - con-te-ci -am
E m7
G 6
D (add9)
Com al - gu - ma ex - pli - ca - ção
Com al - gu - ma ex - pli - ca - ção
D (add9)
E m7
De - pois da úl ti - ma noi - te de chu - va Cho - ran - do e es - pe - ran - do
G 6
D (add9)
a - ma - nhe - cer
A - ma - nhe - cer
Às ve-zes pe ço a e-le
E m7
G 6
Que vá em - bo - ra
Que vá em - bo - ra
D (add9)
C (add9)
Bm(add11)
Ô
Ca - mi - la
Ca - mi - la

A m7
44
Ca - mi - la
G 6
D 7(9)/F♯
49
E‿eu que te - nho me - do‿a - té de su - as mãos
Mas o ó - dio ce - ga‿e vo - cê
B m
C M7
52
não per - ce - be
Mas o ó - dio ce - ga
G 6
D 7(9)/F♯
56
E‿eu que te - nho me - do‿a - té do seu o - lhar
Mas o ó - dio ce - ga‿e vo - cê
B m
C M7
60
não per - ce - be
Mas o ó - dio ce - ga
𝄋2
D (add9)
Instrumental
E m7
65
G 6
D (add9)
69
Fade out p/ Fim
D (add9)
Voz
E m7
73
A lem - bran - ça do si - lên - cio Da - que - las tar - des
Da - que - las

G 6
D (add9)
tar - des
Da ver - go - nha do es - pe - lho Na - que - las
E m7
G 6
D (add9)
mar - cas Na - que - las mar - cas Ha -
D (add9)
E m7
-vi - a al - go de in - sa - no Na - que - les o - lhos O - lhos in -
G 6
D (add9)
-sa - nos Os o - lhos que pas - sa - vam o di -
E m7
G 6
-a A me vi - gi - ar A me - vi - gi - ar
D (add9)
C (add9)
Bm(add11)
Ô Ca - mi - la Ca - mi - la Ca -
A m7
1.
2.
C (add9)
-mi - la Ca- E eu que ti - nha a - pe - nas de - zes -
Bm(add11)
A m7
-se - te a - nos Bai - xa - va mi - nha ca - be - ça pra tu - do E - ra as - sim que as coi - sas a - con - te - ci -

A m7
119
— -am E-ra‿as - sim que‿eu vi - a tu - do‿a - con - te - cer
C (add9)
Bm(add11)
122
E‿eu que ti - nha‿a - pe - nas de - zes - se - te a - nos Bai - xa - va mi - nha ca - be - ça pra
A m7
125
tu - do E - ra‿as - sim que‿as coi - sas a - con - te - ci —
127
— -am E e - ra‿as - sim que‿eu vi - a tu - do‿a - con - te - cer Ca -
Ao 𝄋1
c/ rep.
e 𝄌
𝄌
A m7
3X
Instrumental
130
132
Ao 𝄋2
e Fim

Era um garoto que como eu, amava os Beatles e os Rolling Stones

(C'Era un ragazzo che come me amava I Beatles e I Rolling Stones)

LUSINI e MIGLIACCI
Vers.: BRANCATO JÚNIOR

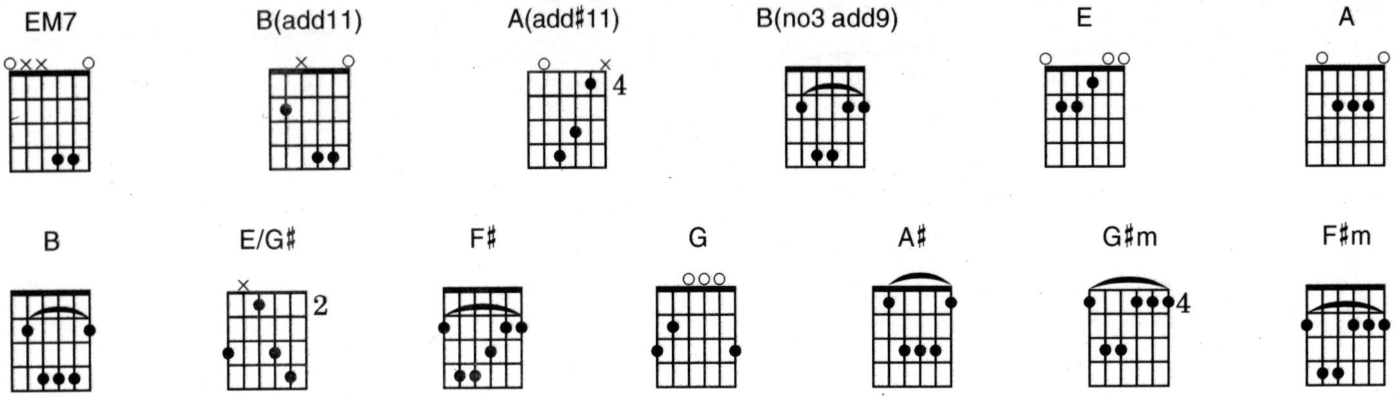

Introdução (2Xs): ***EM7 B(add11) A(add♯11) B(no3 add9)***

```
EM7                  B(add11)
   Era um garoto     que como eu
A(add♯11)                   B(no3 add9)
   Amava os Beatles e os Rolling Stones
EM7                   B(add11)
   Girava o mundo          sempre a cantar
A(add♯11)                   B(no3 add9)
   As coisas lindas da América

EM7                            B(add11)
   Não era belo, mas mesmo assim
         A(add♯11)     B(no3 add9)
   Havia mil garo___tas, sim
EM7                                B(add11)
   Cantava "Help" and "Ticket to Ride"
           A(add♯11)        B(no3 add9)
   Ou "Lady Jane" or "Yesterday"

E                   A
   Cantava viva     à liberdade
B                 A              E/G♯
   Mas uma carta sem esperar
E                         A
   Da sua guitarra        o separou
F♯                            B
   Fora chamado na América

      E  G    A   A♯    B
   Stop com Rolling Stones
      E  G    A   A♯  B
   Stop com Beatles songs
         A    G♯m   F♯m E
   Mandado foi ao Vietnã
        A         B
   Brigar com vietcongs
```

REFRÃO:

```
E
  Tá-tá, tá-tá-tá, tá-tá,tá-tá-tá
A
  Tá-tá,tá-tá-tá, tá-tá,tá-tá-tá
B
  Tá-tá,tá-tá-tá, tá-tá,tá-tá-tá
E                B
  Tá-tá,tá-tá-tá, tá-tá,tá-tá

EM7                  B(add11)

  Era um garoto        que como eu
A(add#11)                 B(no3 add9)
  Amava os Beatles e os Rolling Stones
EM7                  B(add11)
  Girava o mundo        mas acabou
A(add#11)                 B(no3 add9)
  Fazendo a guerra do Vietnã

EM7                      B(add11)
  Cabelos longos não usa mais
        A(add#11)      B(no3 add9)
  Não toca sua guitar____ra e sim
EM7                        B(add11)
  Um instrumento que sempre dá
     A(add#11)
  A mesma nota
  B(no3 add9)
  Ra-tá-tá-tá

E                 A
  Não vê amigos    nem mais garotas
B             A          E/G#
  Só gente morta caindo ao chão
E              A
  Ao seu país    não voltará
F#                     B
  Pois está morto no Vietnã

    E  G   A  A#   B
  Stop com Rolling Stones
    E  G   A  A# B
  Stop com Beatles songs
      A        G#m F#m    E
  No peito um coração não há
      A             B
  Mas duas medalhas, sim
```

Refrão (2X)

Final:

```
E
  Rá-tá-tá-tá, tá-tá

  Rá-tá-tá-tá, tá-tá

  Rá-tá-tá-tá, tá-tá
```

Era um garoto que como eu, amava os Beatles e os Rolling Stones

LUSINI e MIGLIACCI
Vers.: BRANCATO JÚNIOR

♩ = 126
(harmonia tacet 1ª vez)
EM7
Guitarra
B(add 11)
A(add♯11)
B (add9)
(guitarra simile)
Voz
B(no3 add 9)
1.
E - ra‿um ga - ro - to que co - mo eu A - ma-va‿os Bea-tles e‿os Rol - ling Stones
Gi - ra - va‿o mun-do sem-pre‿a can-tar As coi - sas lin - das da‿A-
E - ra‿um ga - ro - to que co - mo eu A - ma-va‿os Bea-tles e‿os Rol - ling Stones
Gi - ra - va‿o mun-do mas a - ca-bou Fa-zen-do‿a guer-ra do
2.
-mé - ri - ca Não e - ra be - lo, mas mes-mo‿as - sim Ha - vi - a mil ga - ro -
Viet-(t) - nã Ca - be-los lon-gos não u - sa mais Não to - ca sua gui - tar -
-tas, sim Can - ta - va Help (p) and Ti - cket to ride Ou La - dy Ja - ne‿or
-ra,‿e sim Um ins - tru - men - to que sem - pre dá A mes - ma no - ta
E
A
B
Yes - ter - day Can - ta - va vi - va à li - ber - da - de Mas u - ma car - ta sem
Rá - tá - tá - tá Não vê a - mi - gos nem mais ga - ro - tas Só gen - te mor - ta ca -
E/G♯
F♯
es - pe - rar Da sua gui - tar - ra o se - pa - rou Fo - ra cha - ma - do na‿A -
-in - do‿ao chão Ao seu pa - ís não vol - ta - rá Pois es - tá mor - to no

B E G A A♯ B E G A A♯
-mé - ri - ca Stop com Rol - ling Stones Stop com Bea - tles
Viet - (t) - nã
B A G♯m F♯m E A
songs Man - da - do foi ao Viet - (t) - nã Bri - gar com viet - (t) -
No pei - to um co - ra- ção não há Mas du - as me - da - lhas,
B E
-kongs Tá - tá, tá - tá - tá Tá - tá, tá - tá - tá
sim
A B
Tá - tá, tá - tá - tá Tá - tá, tá - tá - tá Tá - tá, tá - tá - tá
E B
Tá - tá, tá - tá - tá Tá - tá, tá - tá - tá Tá - tá, tá - tá
Ao 𝄋 e 𝄌
E Órgão N.C. E Voz
Tá - tá, tá - tá - tá Tá - tá, tá - tá - tá
A B
Tá - tá, tá - tá - tá Tá - tá, tá - tá - tá Tá - tá, tá - tá - tá Tá - tá, tá - tá - tá
E B E
Tá - tá, tá - tá - tá Tá - tá, tá - tá Rá-tá-tá-tá, tá-tá Rá-tá-tá-tá, tá-tá Rá-tá-tá-tá, tá-tá

Go back

SÉRGIO BRITO e
TORQUATO NETO

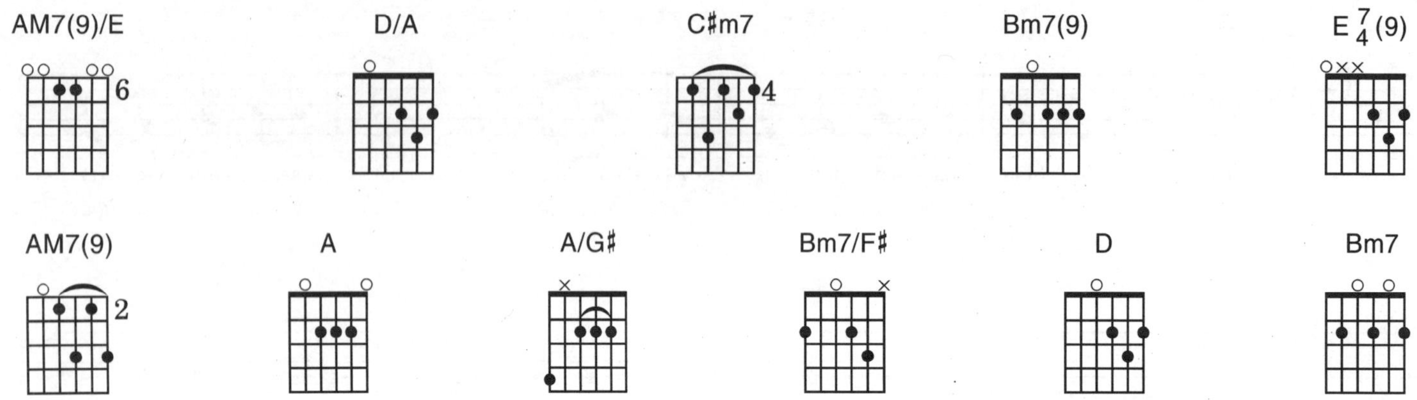
AM7(9)/E
D/A
C♯m7
Bm7(9)
E 7/4(9)
AM7(9)
A
A/G♯
Bm7/F♯
D
Bm7

Introdução:
(4Xs) AM7(9)/E D/A
(2Xs) AM7(9) C♯m7 Bm7(9) E7 4(9)

AM7(9) C♯m7
Você me cha__ma

Bm7(9) E7 4(9)
Eu quero ir pro cinema

AM7(9) C♯m7
Você recla__ma

Bm7(9) E7 4(9)
Meu coração não contenta

AM7(9) C♯m7
Você me a__ma

Bm7(9)
Mas de repente

E7 4(9)
A madrugada mudou

AM7(9) C♯m7 Bm7(9)
E certamen__te

E7 4(9)
Aquele trem já passou

AM7(9) C♯m7
Se passou, passou

Bm7(9) E7 4(9)
Daqui

AM7(9) C♯m7
Pra melhor

Bm7 E7 4(9)
Foi

REFRÃO (duas vezes):

A
Só quero saber

A/G♯ Bm7/F♯
Do que pode dar certo

D
Não tenho tempo a perder

A
Só quero saber

A/G♯ Bm7/F♯ D
Do que pode dar certo

Instrumental (2Xs): ***AM7(9) C♯m7 Bm7(9) E7 4(9)***

AM7(9) Bm7
Você me chama

AM7(9) Bm7
Você reclama

AM7(9) Bm7
Você me chama (você me cha__ma)

AM7(9) Bm7
Você reclama (você recla__ma)

Você me ama *(etc.)*
...Aquele trem já passou

Instrumental (10Xs): **AM7(9) Bm7(9)**

AM7(9)
Não é o meu país, é uma sobrepena

D/A
Concreta do meu nariz em linha reta

AM7(9)
Não é minha cidade,

É um sistema que invento

D/A
E que transformo e que acrescento

À minha idade

AM7(9)
Nem é o nosso amor

É a memória

D/A
Que suja a história, que enferruja

O que passou

AM7(9)
Não é você

Nem sou mais eu

D/A
Adeus, meu bem

Adeus, adeus

AM7(9)
Você mudou, mudei também

D/A
Adeus, amor

Adeus

AM7(9) D/A
E vem

Refrão

AM7(9) C♯m7 Bm7(9) E7/4(9)
Voz
Vo - cê me cha - ma Eu que - ro ir pro ci - ne - ma
Vo - cê re - cla - ma Meu co - ra - ção não con - ten - ta
Vo - cê me a - ma Mas de - re - pen - te A ma - dru - ga - da mu - dou
E cer - ta - men - te A - que - le trem já pas -
-sou Se - pas - sou, pas - sou Da - qui Pra me - lhor
Foi
AM7(9) C♯m7 Bm7 E7/4
A A/G♯ Bm7/F♯ D
Só que - ro sa - ber Do que po - de dar cer - to Não te - nho tem - po a per - der
Só que - ro sa - ber Do que po - de dar cer - to

AM7(9) C♯m7 Bm7(9) E7/4(9) AM7(9) C♯m7 Bm7(9) E7/4(9)
Sintetizador
53
AM7(9) Bm7
Voz
61
Vo - cê me cha - ma
Vo - cê re - cla - ma
AM7(9) Bm7
65
Vo - cê me cha - ma Vo - cê me cha - ma
Vo - cê re - cla - ma Vo - cê re - cla - ma
Ao 𝄋1 e 𝄌1
𝄌1 AM7(9) Bm7(9)
Instrumental
69
-sou
AM7(9) Bm7(9)
73
(vezes pares)
(vezes ímpares) AM7(9) Bm7
8X
77
N.C.
Sintetizador
81
1.
2.
AM7(9) D/A
Voz (falando)
85
Não é o meu pa - ís, é u - ma so - bre pe - na Con - cre - ta do meu na -

AM7(9)
-riz em li-nha re-ta Não é mi-nha ci-da-de‿É um si-te-ma que in-ven-to‿E que trans-
D/A
AM7(9)
for-mo‿e que‿a-cres-cen-to À mi-nha‿i-da-de Nem é o nos-so‿a-mor É a me-mó-ria Que su-ja a his-
D/A
AM7(9)
-tó-ria, que‿en-fer-ru-ja O que pas-sou Não é vo-cê Nem sou mais eu
D/A
AM7(9)
A-deus, meu bem A-deus, a-deus Vo-cê mu-dou, mu-dei tam-bém
D/A
AM7(9)
D/A
A-deus, a-mor A-deus E vem
Ao 𝄋2 e 𝄌2
𝄌2 Guitarras
N.C.
Baixo
Fade out

Eu sou free

PATRÍCIA TRAVASSOS e
RUBAN

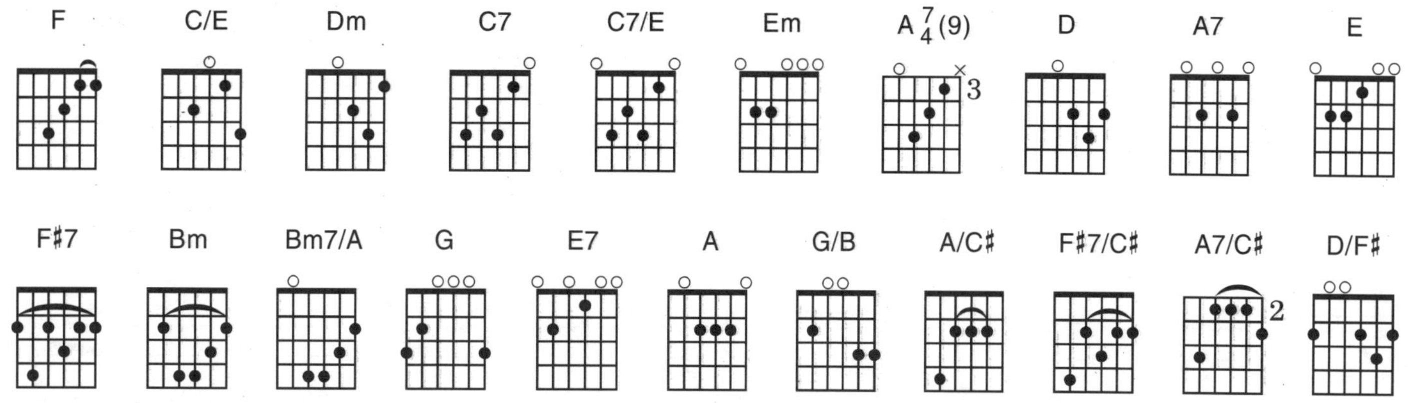
F
C/E
Dm
C7
C7/E
Em
A 7/4 (9)
3
D
A7
E
F♯7
Bm
Bm7/A
G
E7
A
G/B
A/C♯
F♯7/C♯
A7/C♯
2
D/F♯

Introdução: ***F C/E Dm C7 F C/E Dm C7 Em A7 4(9)***

D A7
Só estudei em escola experimental
D E F♯7
Meu pai era surfista profissional
Bm Bm7/A G
Minha mãe fazia mapa astral legal
E7 A7
Minha mãe fazia mapa astral

D
Passei a infância em Cocha Bam_ba
F♯7 Bm
Transando muamba, driblando a alfân__dega
F♯7 Bm
Não sou do tipo que faz comí__cio
Bm7/A G A
Tenho horror a compromisso

D A Bm
Você pode fazer o que quiser comigo
G A
Eu não li__go
D A Bm
Você pode fazer o que quiser comigo
G A G/B A/C♯
Eu não li__go

D
Eu sou free (eu sou free)
F♯7/C♯
Sempre free (sempre free)
Bm A7 A7/C♯
Sou free demais
D
Eu sou free (free)
F♯7/C♯
Sempre free (sempre free)
Bm A7 A/C♯
Sou free demais

G
Mas você não tem muita chance
D/F♯
Não me venha com romance
E7 A7
Porque eu sou free
D
Free lance
F♯7/C♯
Oh, oh
Bm A7 A7/C♯
O-ró-run, a-ah
D
Free lance
F♯7/C♯
Oh, oh
Bm G A G/B A/C♯
Oh, oh, oh, oh

Só estudei em escola experimental *(etc.)*

BIS:
F
Free
C/E
Sempre free
Dm C7 C7/E
Eu sou free demais

D
Free (free)
F♯7/C♯
Sempre free (sempre free)
Bm A7 A7/C♯
Sou free demais
D
Free (free)
F♯7/C♯
Sempre free (sempre free)
Bm A7 A7/C♯
Sou free demais

Eu sou free

PATRÍCIA TRAVASSOS e
RUBAN

♩ = 144
F C/E D m C 7 C 7/E
Sintetizador
1. Guitarra
C 7 E m A 7 4(9) D
2. Guitarra
Voz
Só es - tu - dei em es - co - la_ex - pe -
A 7 D E F♯7 B m B m7/A
-ri - men - tal Meu pai e - ra sur - fis - ta pro - fis - sio - nal Mi - nha mãe fa - zi - a ma - pa_as - tral le -
G E 7 A 7 A 7
-gal Mi - nha mãe fa - zi - a ma - pa_as - tral Pas - sei a_in - fân - cia_em Co - cha Bam -
D F♯7 B m
-ba Tran - san - do mu - am - ba, dri - blan - do_a al - fân - de - ga Não sou do
F♯7 B m B m7/A G G A
ti - po que faz co - mí - cio Te - nho_ho - ror a com - pro - mis - so Vo - cê

D A Bm G A
24
po-de fa-zer o que qui-ser co-mi - go Eu não li - go Vo-cê
D A Bm
28
po - de fa - zer o que qui - ser co - mi - go Eu não li -
G A G/B A/C♯ D
Voz
31
-go Eu sou free
Coro
(eu sou free) Sem - pre fre
F♯7/C♯ Bm A7 A7/C♯
34
Sou free de - mais Eu sou free
(sem - pre free)
D F♯7/C♯ Bm A7 A7/C♯
37
Sem-pre free Sou free de- mais Mas vo -
(free)
(sem-pre free)
G D/F♯
41
-cê não tem mui - ta chan - ce Não me ve - nha com ro - man - ce Por -
E7 A D F♯7/C♯
45
-que eu sou free Free lan - ce Oh, oh

Bm A7 A7/C♯ D F♯7/C♯
49
Ó - ró - run a - ah Free lan - ce Oh, oh
Bm G A G/B A/C♯
53
Oh, - oh, oh, oh Só es - tu -
Ao 𝄋 e 𝄌
𝄌
A7 A7/C♯ F C/E Dm C7 C7/E
56
Free Sem-pre free Eu sou free de-mais
F C/E Dm C7 C7/E
61
Free Sem-pre free Eu sou free de-mais
D F♯7/C♯ Bm A7 A7/C♯
65
Free Sem-pre free Sou free de-mais
(free) (sem-pre free)
D F♯7/C♯ Bm A7 A7/C♯
69
Free Sem-pre free Sou free de-mais
(free) (sem-pre free)
Fade out

Vira-vira

DINHO e
JÚLIO RASEC

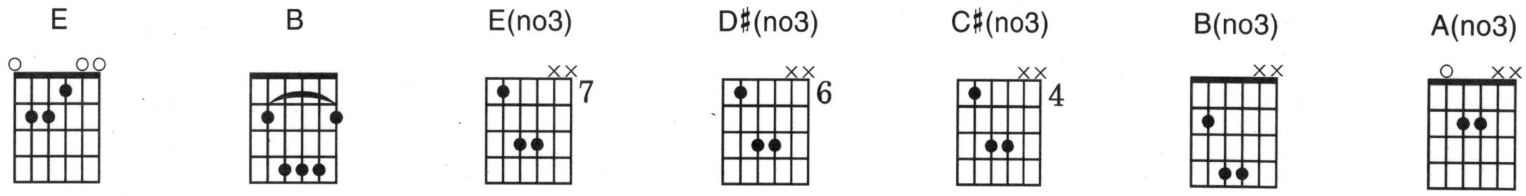

Introdução: **E B E B E**
(2Xs) E(no3) D♯(no3) C♯(no3) B(no3) C♯(no3) D♯(no3) E(no3)

B(no3)
Fui convidado pra uma tal de suru__ba
E(no3)
Não pude ir, Maria foi no meu lugar
B(no3)
Depois de uma semana ela voltou pra ca__sa
E(no3)
Toda arregaçada, não podia nem sentar
B(no3)
Quando vi aquilo, fiquei assusta__do
E(no3)
Maria, chorando, começou a me explicar
A(no3)
Daí então, eu fiquei aliviado
B(no3) E(no3)
E dei graças a Deus porque ela foi no meu lugar

REFRÃO:

B(no3)
Roda, roda, vira
E(no3)
Solta a roda e vem
B(no3)
Me passaram a mão na bunda
E(no3)
E ainda não comi ninguém
B(no3)
Roda, roda, vira
E(no3)
Solta a roda e vem
A(no3)
Neste raio de suruba
B(no3)
Já me passaram a mão na bunda
E(no3)
E eu ainda não comi ninguém

Instrumental (2Xs): **D♯(no3) C♯(no3) B(no3)**
C♯(no3) D♯(no3) E(no3)

B(no3)
Oh, Manuel, olha cá como eu estou
E(no3)
Tu não imaginas como eu estou sofrendo
B(no3)
Uma teta minha, um negão arrancou
E(no3)
E a outra que sobrou está doendo
B(no3)
Ô Maria, vê se larga de frescura
E(no3)
Que eu te levo no hospital pela manhã
A(no3)
Tu ficaste tão bonita mono-teta
B(no3) E(no3)
Mais vale um na mão do que dois no sutiã

Refrão

D♯(no3) C♯(no3) B(no3) C♯(no3) D♯(no3) E(no3)
Bate o pé
D♯(no3) C♯(no3) B(no3) C♯(no3) D♯(no3) E(no3)
Bate o pé

B(no3)
Ô, Maria, essa suruba me excita
E(no3)
Arrebita, arrebita, arrebita
B(no3)
Então vá fazer amor com uma cabrita
E(no3)
Arrebita, arrebita, arrebita
B(no3)
Mas, Maria, isso é bom que te exercita
E(no3)
Bate o pé, arrebita, arrebita
A(no3)
Manuel, tu na cabeça tem titica
B(no3) E(no3)
Larga de putaria e vai cuidar da padaria

Refrão

Instrumental: **E(no3) D♯(no3) C♯(no3) B(no3)**
C♯(no3) D♯(no3) E(no3)

Vira-vira

DINHO e
JÚLIO RASEC

= 100
E B E
Guitarra portuguesa
Raios!
E(no3) D♯(no3) C♯(no3) B(no3) B(no3) C♯(no3) D♯(no3) E(no3)
Guitarra
1.
E(no3) E(no3) B(no3)
2.
Voz
Fui con-vi - da-do pr'u-ma tal de su-ru - ba Não pu-de ir, Ma-ri-a foi no meu lu-
E(no3) B(no3)
-gar De-pois de‿u-ma se - ma-na‿e-la vol-tou pra ca - sa To-da‿ar-re-ga - ça-da, não po-di-a nem sen-
E(no3) B(no3)
-tar Quan-do vi a - qui-lo, fi-quei as-sus-ta - do Ma-ri-a, cho - ran-do, co-me-çou a me‿ex-pli-
E(no3) A(no3) B(no3)
-car Da - í en - tão, eu fi-quei a-li-vi - a-do E dei gra-ças a Deus por-que‿e-la foi no meu lu-
E(no3) B(no3) E(no3) B(no3)
-gar Ro-da, ro-da, vi-ra Sol-ta‿a ro-da‿e vem Me pas-sa-ram‿a mão na bun-da‿E‿a-in-da não co-mi-nin-
-ã

E(no3) B(no3) E(no3) A(no3)
-guém Ro-da, ro-da, vi - ra Sol-ta a ro-da e vem Nes-te rai-o de su - ru - ba
ru - ba
B(no3) E(no3) D♯(no3) C♯(no3)
Já me pas-sa-ram a mão na bun - da - E eu a-in-da não co-mi-nin - guém
bun - da
Guitarra
B(no3) B(no3) C♯(no3) D♯(no3) E(no3) E(no3) D♯(no3) C♯(no3)
Guitarra
1.
E(no3) E(no3) B(no3)
2.
Voz
Oh!, Ma-nu - el, o-lha cá co-mo eu es - tou Tu não i-ma - gi-nas co-mo eu es-tou so-
E(no3) B(no3)
-fren-do U-ma te-ta mi-nha, um ne-gão ar-ran - cou E a ou-tra que so-brou es-tá do-
E(no3) B(no3)
-en-do Ma - ri-a, vê se lar-ga de fres - cu - ra Que eu te le-vo no hos-pi-tal pe-la ma-
E(no3) A(no3) B(no3)
-nhã Tu fi - cas-te tão bo-ni-ta mo-no - te-ta Mais va-le um na mão do que dois no su-ti -
Ao 𝄋 e 𝄌
B(no3) B(no3) C♯(no3) D♯(no3) E(no3) E(no3) D♯(no3) E(no3)
1.
2.
Voz
Guitarra
Ba-te o pé
(Arrôto)
Guitarra
Ô, Ma-

E(no3) B(no3)
62
-ri - a_es - sa su - ru - ba me ex - ci - ta Ar - re - bi - ta,_ar - re - bi - ta,_ar - re -
vá fa - zer a - mor com_u - ma ca - bri - ta Ar - re - bi - ta,_ar - re - bi - ta,_ar - re -
-ri - a, is - so_é bom que te_e - xer - ci - ta Ba - te_o pé, ar - re - bi - ta,_a - re -
E(no3) E(no3) E(no3)
1. 2. 3.
65
-bi - ta En - tão -bi - ta Mas, Ma- -bi - ta Ma - nu - el, tu na ca - be - ça tem ti -
A(no3) B(no3) E(no3) B(no3)
69
-ti - ca Lar - ga de pu - ta - ri - a_e vai cui - dar da pa - da - ri - a Ro - da, ro - da, vi - ra Sol - ta_a ro - da_e
E(no3) B(no3) E(no3)
73
vem Me pas - sa - ram_a mão na bun - da_E_a - in - da não co - mi - nin - guém Ro - da, ro - da,
B(no3) E(no3) A(no3)
76
vi - ra Sol - ta_a ro - da_e vem Nes - te rai - o de su - ru - ba
B(no3)
79
Já me pas - sa - ram_a mão na bun - da E_eu_a - in - da não co - mi - nin -
E(no3) D♯(no3) C♯(no3) B(no3) B(no3) C♯(no3) D♯(no3) E(no3)
82
Guitarra
-guém

Louras geladas

PAULO RICARDO e
LUIZ SCHIAVON

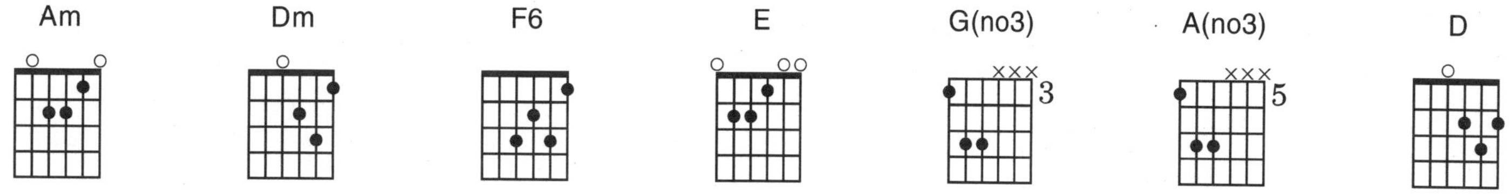
Am
Dm
F6
E
G(no3)
3
A(no3)
5
D

Introdução: **Am Dm Am F6 Am Dm Am F6**

Am **Dm** **Am**
Disfarça e faz que nem me viu
F6
Não me ouviu te chamar
Am **Dm**
Desfaz-se assim de mim
Am **F6**
Que nem se faz com qualquer um

REFRÃO:

Am
Agora eu sei
Dm
Passei por cada papel
Am
Me raste_jei
Dm
Tentando entrar no seu céu
Am
Agora eu sei, sei, sei
Dm
Passei por cada papel
Am
Me embriaguei
Dm
E acordei num bordel

Am **Dm**
Já sei que um é pouco
Am **F6**
Dois é bom e três é demais
Am **Dm** **Am**
E eu fico louco de ciúmes
F6
De um outro rapaz

Refrão

Instrumental: **Am Dm Am F6 Am Dm Am F6**
Am Dm Am Dm Am Dm Am Dm

E **G(no3)A(no3)** **G(no3) A(no3) G(no3) A(no3)**
G(no3) A(no3)
Na madruga_________da
E **G(no3) A(no3) G(no3) A(no3) G(no3)**
A(no3) G(no3) A(no3)
Na mesa do bar
E **G(no3) A(no3)** **G(no3) A(no3)**
Loiras gela___________das
D **E**
Vêm me consolar

Am **Dm**
Qualquer mulher é sempre assim
Am **F6**
Vocês são to__das iguais
Am **Dm** **Am**
Nos enlouquecem, então se esquecem
F6
Já não querem mais

Refrão

Instrumental: **Am Dm Am F6 Am Dm Am F6**
Am Dm Am Dm Am Dm Am Dm

Na madrugada *(etc.)*
...Vêm me consolar

Am **Dm**
Passei por cada papel
Am **F6**
Me raste_jei
Am **Dm**
Passei por cada papel
Am F6 Am Dm
Me embriaguei
Am **F6**
E acordei num bordel

Instrumental: **Am Dm Am F6 Am Dm Am F6**
Am Dm Am

Louras geladas

PAULO RICARDO e
LUIZ SCHIAVON

♩ = 190
Am Dm Am F6
Instrumental
Am Dm Am F6
Voz
Dis - far - ça_e faz que nem me viu Não me_ou - viu te cha - mar
Qual - quer mu - lher é sem - pre_as - sim Vo - cês são to - das i - guais
Am Dm Am F6
Des - faz - se_as - sim de mim Que nem se faz com qual - quer um A - go - ra_eu
Nos en- lou- que- cem,_en- tão se_es- que cem Já não que- rem mais A - go - ra_eu
Am Dm Am Dm
sei Pas - sei por ca - da pa - pel Me ras - te - jei Ten - tan - do_en - trar no seu céu A - go - ra_eu
Am Dm Am
sei, sei, sei Pas - sei por ca - da pa - pel Me_em - bri - a - guei E a - cor -
Dm Am Dm Am F6
1.
-dei num bor - del Já sei que um é pou - co Dois é bom e três é de - mais
Am Dm Am F6 Dm
2.
E_eu fi - co lou - co de ci - ú - mes De_um ou - tro ra - paz A - go - ra_eu -dei num bor - del

Improvisos (1ª vez - guitarra / 2ª vez - órgão)
Am Dm Am F6
4X
Am Dm E
Voz
Na ma - dru -ga - da
G(no3) A(no3) G(no3) A(no3) G(no3) A(no3) G(no3) A(no3) E
Na me - sa do bar
G(no3) A(no3) G(no3) A(no3) G(no3) A(no3) G(no3) A(no3) E
Loi - ras ge - la - das Vêm me con - so - lar
G(no3) A(no3) G(no3) A(no3) D E
Ao 𝄋 s/ rep.
Am Dm Am F6 Am
Pas - sei por ca - da pa - pel Me ras - te - jei Pas - sei por
Dm Am F6 Am Dm Am
ca - da pa - pel Me‿em - bri - a - guei E a - cor -
F6 Am Dm Am F6 Am
-dei num bor - del

Menina veneno

RITCHIE e
BERNARDO VILHENA

E F# G#m D#m A B C#m B(no3 add9)/F#

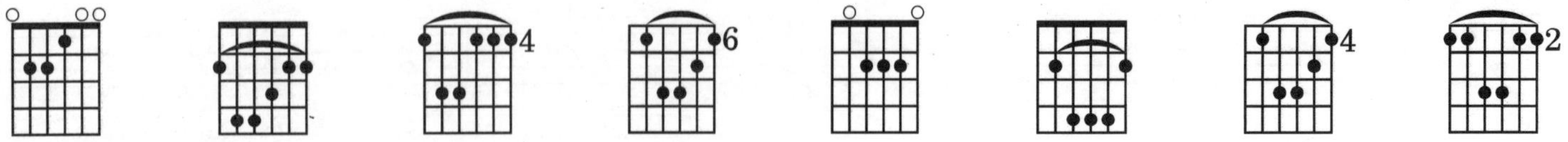

Introdução (2Xs): **E F# G#m E F# D#m**

```
E          F#            G#m
   Meia-noite no meu quarto
     E      F#        D#m
   E_la vai    subir
E          F#           G#m
   Ouço passos na escada
      E         F#         G#m
   Ve_jo a por__ta abrir
E          F#          G#m
   O abajur cor de carne
     E        F#      D#m
   O  lençol    azul
E           F#        G#m
   Corti__nas de seda
     E         F#          G#m
   O   seu cor__po nu
```

REFRÃO 1:

```
A                   E
   Menina vene__no
                          B                    F#
   O mundo é peque_no demais pra nós dois
C#m                        G#m
   Em toda cama que eu durmo
                  F#     B(no3 add9)/F#
   Só dá você,    só dá você
F#     B(no3 add9)/F#   F#       B(no3 add9)/F#        F#
   Só dá          você,    ié, ié,                  ié, ié
```

```
E                 F#              G#m
   Seus olhos verdes no espelho
      E        F#        D#m
   Bri_lham pa_ra mim
E                F#     G#m
   Seu corpo inteiro é um prazer
   E          F#            G#m
   Do princí_pio ao sim
E              F#               G#m
   Sozinho no meu quar____to
         E          F#        D#m
   Eu acordo sem     você
E            F#              G#m
   Fico falando pras paredes
       E       F#     G#m
   Até anoi__tecer
```

REFRÃO 2:

```
A                 E
   Menina vene_no
                      B                F#
   Você tem um jei_to sereno de ser
C#m                         G#m
   E toda noite no meu quarto
                        F#        B(no3 add9)/F#
   Vem me entorpecer,    me entorpecer
F#           B(no3 add9)/F#   F#        B(no3 add9)/F#        F#
   Me entorpecer,                ié, ié,                   ié, ié
```

Solo de sax(2Xs): **E F# G#m E F# D#m**
E F# G#m E F# G#m

Refrão 1

```
E          F#              G#m
   Meia-noite no meu quarto
   E       F#       D#m
   Ela vai    surgir
E               F#          G#m
   Eu ouço passos na escada
           E          F#         G#m
   Eu ve_jo  a  por_ta abrir
E                F#          G#m
   Você vem não sei de onde
         E          F#        D#m
   Eu sei,   vem me     amar
E                  F#           G#m
   Eu nem sei qual o seu nome
         E          F#        G#m
   Mas nem preciso chamar
```

Refrão 2

Repete ad lib. e fade out:

```
 E    F#          G#m
   Menina vene__no
E     F#          D#m
   Menina vene__no
      E
   Ié, ié
```

♩ = 126
E F♯ G♯m E F♯ D♯m
Instrumental
1
E F♯ G♯m E F♯ D♯m
Voz
5
Mei - a - noi - te no meu quar - to E - la vai su - bir
E F♯ G♯m E F♯ G♯m
9
Ou - ço pas - sos na es - ca - da Ve - jo a por - ta a - brir
E F♯ G♯m E F♯ D♯m
13
O a - ba - jur cor - de car - ne O len - çol a - zul
E F♯ G♯m E F♯ G♯m
17
Cor - ti - nas de se - da O seu cor - po nu
%1 A E B F♯
Voz
21
Me - ni - na ve - ne - no O mun - do é pe - que - no de - mais pra nós dois
C♯m G♯m F♯ B(no3 add 9)/F♯
25
Em to - da ca - ma que eu dur - mo Só dá vo - cê, só dá vo - cê Só dá vo - cê,

% F♯ E F♯ G♯m
29 ié, ié, ié, ié Seus o-lhos ver-des no es-pe-lho Bri-
E F♯ D♯m E F♯ G♯m
33 -lham pa-ra mim Seu cor-po in-tei-ro é um pra-zer
E F♯ G♯m E F♯ G♯m
37 Do prin-cí-pio ao sim So-zi-nho no meu quar-to Eu a-
E F♯ D♯m E F♯ G♯m
41 -cor-do sem vo-cê Fi-co fa-lan-do pras pa-re-des A-té
E F♯ G♯m A E
45 a-noi-te-cer Me-ni-na ve-ne-no Vo-cê tem um jei-
B F♯ C♯m G♯m
49 -to se-re-no de ser E to-da noi-te no meu quar-to Vem me en-tor-pe-cer,
F♯ B (no3 add 9)/F♯ % % F♯
53 me en-tor-pe-cer Me en-tor-pe-cer, ié, ié, ié, ié
E F♯ G♯m E F♯ D♯m
57 Sax

E F♯ G♯m E F♯ G♯m
61
E F♯ G♯m E F♯ D♯m
65
E F♯ G♯m E F♯ G♯m
69
Ao 𝄋1 e Φ1
Φ1
E F♯ G♯m E F♯ D♯m
73
Mei - a - noi - te no meu quar - to E - la vai sur - gir
E F♯ G♯m E F♯ G♯m
77
Eu ou - ço pas - sos na es - ca - da Eu ve - jo a por - ta a - brir
E F♯ G♯m E F♯ D♯m
81
Vo - cê vem não sei de on - de Eu sei, vem me a - mar
E F♯ G♯m E F♯ G♯m
85
Eu nem sei qual o seu no - me Mas nem pre - ci - so cha - mar
Ao 𝄋2 e Φ2
Φ2
Repete ad libitum
E F♯ G♯m E F♯ D♯m E F♯ G♯m
89
Me-ni-na ve-ne - no Me-ni-na ve-ne - no ié, ié Me-ni-na ve-ne - no
Fade out

Pinga

JOHN

D
Bm
G
A
E
B

Duas vezes:

D
Eu tomo pinga

Eu não sei o que é

Melhor pra mim

Bm
Eu tomo pinga

Mesmo já sabendo

O que vai dar no fim

G
Eu tomo pinga

Será que eu tô gostando

De viver assim?

A
Eu tomo pinga

Será que isso

D G A
É bom ou ruim?

D G A
Ah!

REFRÃO:

G
Se eu fosse o Pelé

D
Tomava café

A
Se eu fosse o Tostão

D
Tirava o calção

G
Se eu fosse o Dario

D
Pulava no rio

A
Se eu fosse o Garrincha

D E
Não pulava, não

A
Se eu fosse o Pelé

E
Tomava café

B
Se eu fosse o Tostão

E
Tirava o calção

A
Se eu fosse o Dario

E
Pulava no rio

B
Se eu fosse o Garrincha

D
Não pulava, não

Instrumental: **A G D A G D**

D
Eu tomo pinga

Bm
Eu não sei o que é melhorpra mim
(Eu tomo pinga)

G
Mesmo já sabendo o que vai dar no fim
(Eu tomo pinga)

A
Será que estou gostando de viver assim?
(Eu tomo pinga)

D G A
Será que isso é bom ou ruim?

D G A
Ah!

Refrão

Instrumental (3Xs): **A G D**

D A
Se eu fosse o Pelé

G D
Se eu fosse o Tostão

A
Se eu fosse o Dario

G
Eu não pulava, não

D
Eu não pulava, não

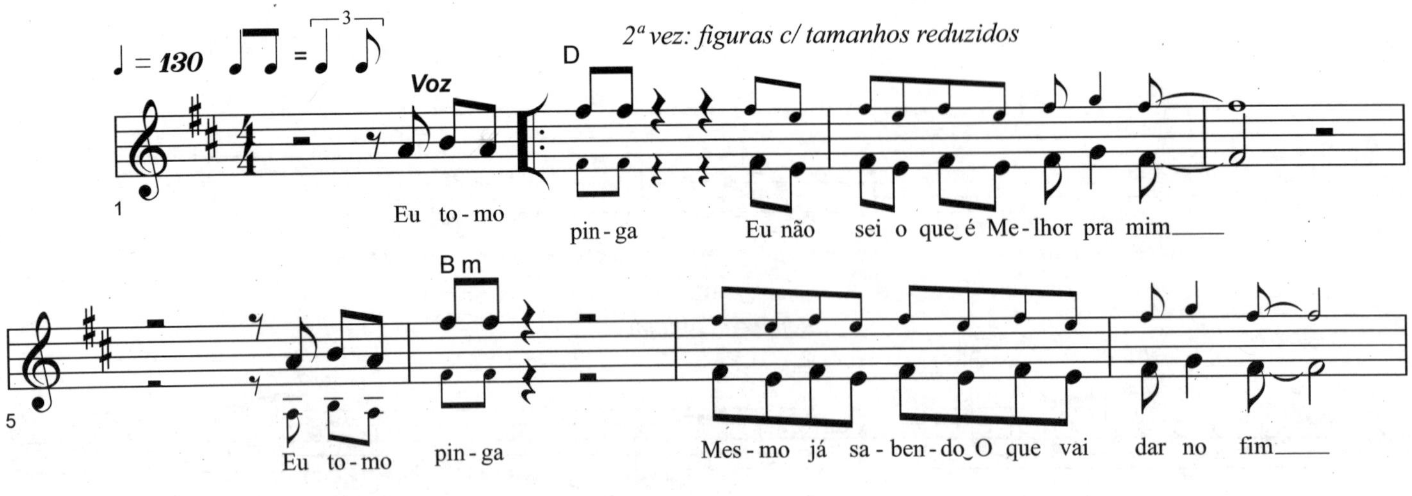

♩ = 130
3
Voz
D
2ª vez: figuras c/ tamanhos reduzidos
Eu to-mo pin-ga Eu não sei o que_é Me-lhor pra mim
Bm
Eu to-mo pin-ga Mes-mo já sa-ben-do_O que vai dar no fim

G
Eu to-mo pin-ga Se - rá que‿eu tô gos-tan-do De vi - ver as-sim?
A
Eu to-mo pin-ga Se - rá que‿is-so‿é bom ou ru - im?
D G A D G A
1.
Ah!
Eu to-mo
2. G A G D
Se‿eu fos-se‿o Pe - lé, To - ma-va ca-fé Se‿eu fos-se‿o Tos -
A D G D
-tão, Ti - ra-va‿o cal-ção Se‿eu fos-se‿o Da - ri - o Pu-la-va no ri-o Se‿eu fos-se‿o Gar -
A D E
-rin-cha Não pu-la-va, não
Se‿eu fos-se‿o Pe -
A E B E
-lé To - ma-va ca-fé Se‿eu fos-se‿o Tos - tão Ti - ra-va‿o cal-ção Se‿eu fos-se‿o Da -
A E B E D N.C.
-ri-o Pu-la-va no ri-o Se‿eu fos-se‿o Gar - rin-cha Não pu-la-va, não

D Instrumental A G D N.C. Voz
35
Eu to-mo
D Bm
40
pin-ga Eu to-mo pin-ga Eu to-mo
Eu não sei o que é me-lhor pra mim Mes-mo já sa-ben-do o que vai
G A
44
pin-ga Eu to-mo pin-ga Se-
dar no fim Se-rá que es-tou gos-tan-do de vi-ver as-sim?
Ao 𝄋 s/ rep. e 𝄌
𝄌 D Instrumental A G D
47
D A G
51
D Voz D A G
54
Se eu fos-se o Pe-lé Se eu fos-se o Tos-tão
D A
58
Se eu fos-se o Da-ri-o Eu não pu-la-va,
G D D
1. 2.
61
não Eu não pu-la-va, não Se eu fos-se o Pe- não

Nos barracos da cidade

(Barracos)

GILBERTO GIL e
LIMINHA

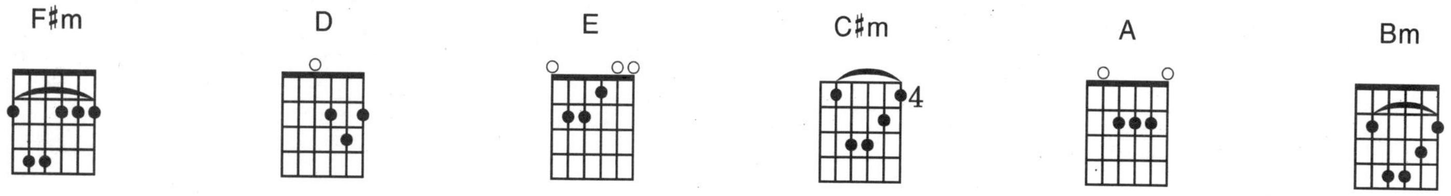

Introdução (4Xs): **F♯m D E C♯m F♯m D E**

A
Nos barracos da cidade
F♯m
Ninguém mais tem ilusão
E **D**
No poder da autorida_de
F♯m **E**
De tomar a decisão
A
E o poder da autoridade
F♯m
Se pode, não faz questão
E **D**
Se faz questão, não conse_gue

Ô, iô, iô
F♯m **E**
Enfrentar o tubarão

REFRÃO:

E **A** **E**
Ô, uô, uô
Bm **F♯m**
Gente estúpida
E **A** **E**
Ô, uô, uô
Bm **F♯m**
Gente hipócrita

E **A**
O governador promete
F♯m
Mas o sistema diz não
E **D**
Os lucros são muito gran_des
F♯m **E**
Mas ninguém quer abrir mão
A
Mesmo uma pequena parte
F♯m
Já seria a solução
E **D**
Mas a usura dessa gen_te

Ô, iô, iô
F♯m
Já virou um aleijão

Refrão

Instrumental: **E**
F♯m D E C♯m F♯m D E (2Xs)
E F♯m (6Xs) A Bm
E F♯m (6Xs) A

Refrão (fade out)

Nos barracos da cidade

GILBERTO GIL e
LIMINHA

F♯m
E
Se po - de, não faz ques - tão
Já se - ri - a_a so - lu - ção
Se faz
Mas a_u -
D
F♯m
E
ques-tão, não con - se - gue Ô, iô, iô En - fren - tar o tu - ba - rão
-su - ra des - sa gen - te Ô, iô, iô Já vi - rou um a - lei - jão
E
𝄋2 A
E
Ô, u - ô, u - ô
Gen - te_es -
Gen - te_hi -
Bm
F♯m
E
-tú - pi - da
-pó - cri - ta
Fade out p/ Fim
Ao 𝄋1 c/ rep.
F♯m
Guitarra
D
E
C♯m
F♯m
D
E
E F♯m
Solo de trombone
E F♯m
E F♯m
E F♯m
E F♯m
E F♯m
A Bm
1.
A
2. Voz
Ô, u
Ao 𝄋2 e Fim

Pra começar

MARINA LIMA e
ANTÔNIO CÍCERO

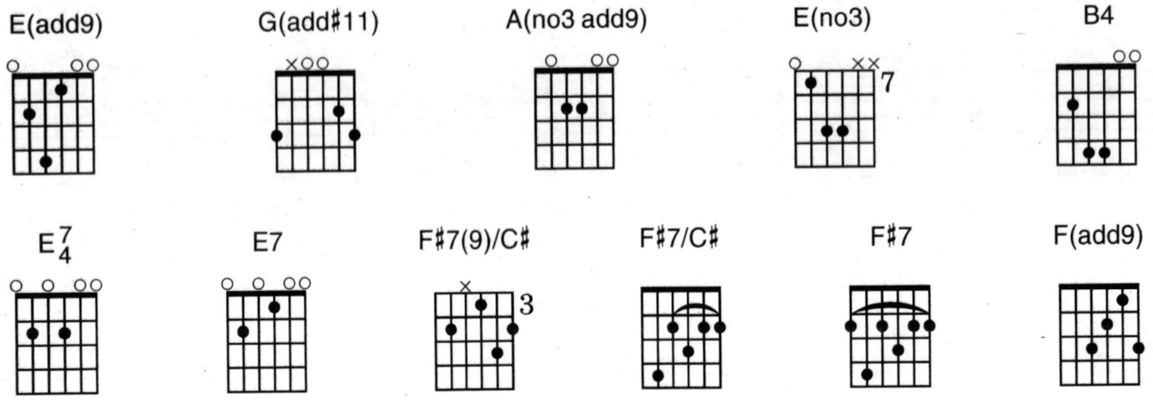
E(add9)
G(add#11)
A(no3 add9)
E(no3)
7
B4
E7 4
E7
F#7(9)/C#
3
F#7/C#
F#7
F(add9)

Introdução: ***E(add9) G(add#11) A(no3 add9)***
E(add9) G(add#11) A(no3 add9) E(no3)

E(add9)
Pra começar
G(add#11)
Quem vai colar
A(no3 add9)
Os tais caquinhos
E(add9)
Do velho mundo?

Pátrias, famílias,
G(add#11)
Religiões
A(no3 add9)
E preconceitos
B4
Quebrou, não tem mais jeito

E7 4 E7 F#7(9)/C#
Agora descu__bra, de verdade
F#7/C# F#7(9)/C# F#7
O que você a__ma
F(add9) E(add9)
Que tudo pode ser seu
E7 4 E7
Se tudo caiu
F#7(9)/C# F#7/C# F#7(9)/C# F#7
Que tudo cai___a, pois tudo raia
F(add9) E(no3)
O mundo pode ser seu

Instrumental: ***E(add9) G(add#11) A(no3 add9)***
E(add9) G(add#11) A(no3 add9) E(no3)

E(add9)
Pra terminar
G(add#11)
Quem vai colar
A(no3 add9)
Os tais caquinhos
E(add9)
Do velho mundo?

Pátrias, famílias,
G(add#11)
Religiões
A(no3 add9)
E preconceitos
B4
Quebrou, não tem mais jeito

E7 4 E7 F#7(9)/C#
Agora descu__bra, de verdade
F#7/C# F#7(9)/C# F#7
O que você a__ma
F(add9) E(add9)
Que ele pode ser seu
E7 4 E7
Se tudo caiu
F#7(9)/C# F#7/C# F#7(9)/C# F#7
Que tudo cai___a, pois tudo raia
F(add9) E(no3)
O mundo pode ser seu

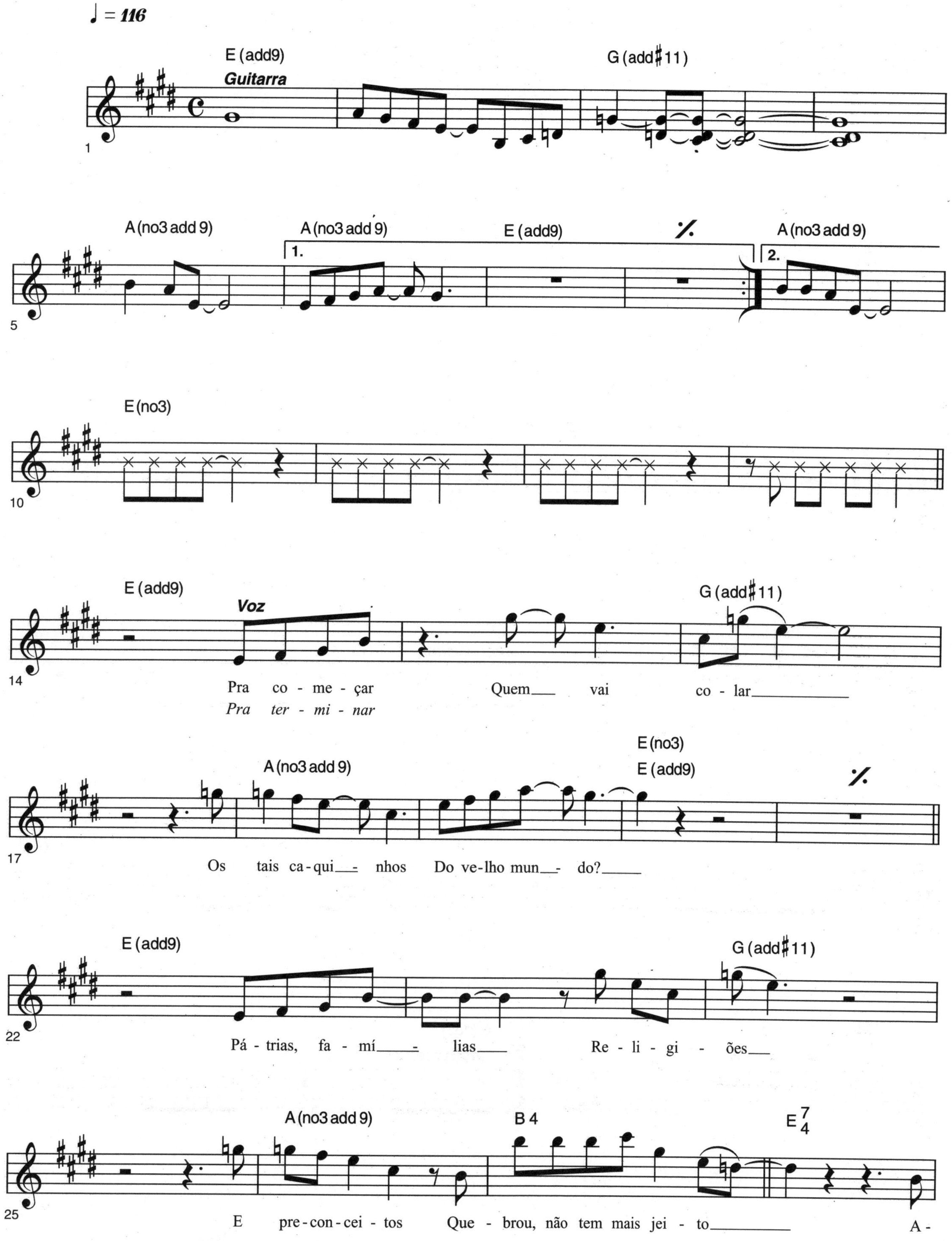

♩ = 116
E (add9)
Guitarra
G (add♯11)
A (no3 add 9)
A (no3 add 9)
E (add9)
1.
2.
A (no3 add 9)
E (no3)
E (add9)
Voz
G (add♯11)
Pra co - me - çar Quem vai co - lar
Pra ter - mi - nar
E (no3)
A (no3 add 9)
E (add9)
Os tais ca - qui - nhos Do ve - lho mun - do?
E (add9)
G (add♯11)
Pá - trias, fa - mí - lias Re - li - gi - ões
A (no3 add 9)
B 4
E 7 4
E pre - con - cei - tos Que - brou, não tem mais jei - to A -

E7/4 E7 F#7(9)/C# F#7/C# F#7(9)/C# F#7 F(add9)
-go-ra des-cu- bra, de ver-da-de O que vo-cê a- ma Que tu-do
Que-e-le
E(add9) E7/4
po-de ser seu Se
po-de ser seu
E7/4 E7 F#7(9)/C# F#7/C# F#7(9)/C# F#7 F(add9)
tu-do ca-iu Que tu-do cai- a, pois tu-do rai-a O
F(add9) E(no3)
Instrumental
mun-do po-de ser seu
D.C. c/ rep. e
F(add9) E(no3)
5X
Instrumental
mun-do po-de ser seu
E(no3)

Tão seu

SAMUEL ROSA e
CHICO AMARAL

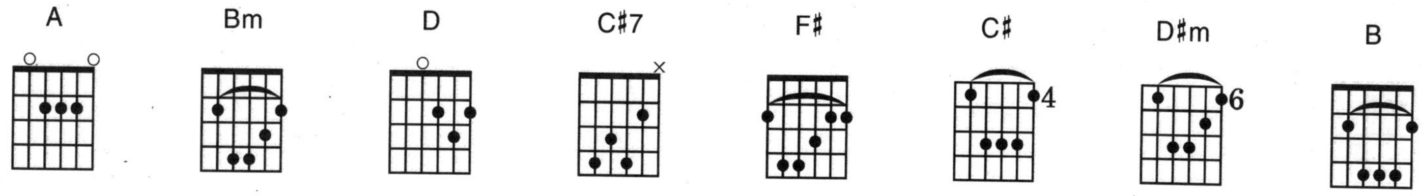

Introdução: **A Bm D A**

Sinto sua falta
Bm
Não posso esperar tanto tempo assim
D
O nosso amor é novo
A
É o velho amor ain_da e sempre

Não diga que não vem me ver
Bm
De noite eu quero descansar
D
Ir ao cinema com você
A
Um filme à toa no Pathé

Que culpa a gente tem de ser feliz
Bm
Que culpa a gente tem, meu bem
D
O mundo bem diante do nariz
A
Feliz aqui e não além
C♯7
Uh, iê

REFRÃO (2Xs):
F♯
Me sinto só
C♯
Me sinto só
D♯m **B**
Me sinto tão seu
F♯
Me sinto tão
C♯
Me sinto só
D♯m **B**
E sou teu

Instrumental: **Bm A Bm D A**

Faço tanta coisa
Bm
Pensando no momento de te ver
D
A minha casa sem você é triste
A
A espera arde sem me aquecer

Não diga que você não volta
Bm
Eu não vou conseguir dormir
D
À noite eu quero descansar
A
Sair à toa por aí
C♯7
Uh, iê

Refrão

Instrumental: **Bm A Bm D A**

Sinto sua falta *(etc.)*
...É o velho amor ainda e sempre

Que culpa a gente tem de ser feliz
Bm
Eu digo eles ou nós dois
D
O mundo bem diante do nariz
A
Feliz agora e não depois
C♯7
Uh, iê

Refrão

Instrumental (fade out):
Bm A Bm D A

Voz
A
Bm
Sin-to su-a fal-ta Não pos-so es-pe-rar tan-to tem-po as-sim O
D
A
nos-so a-mor é no - vo É o ve-lho a-mor a-in - da e sem - pre
A
Bm
Não di-ga que não vem me ver De noi-te eu que-ro
D
des-can-sar Ir ao ci-ne-ma com vo-cê Um fil-me à to-a no Pa -
A
A
Bm
-thé Que cul-pa a gen-te tem de ser fe-liz Que cul-pa a gen-te
Eu di-go e-les
D
tem, meu bem O mun-do bem di-an - te do na-riz Fe - liz a-qui e não
ou nós dois Fe - liz a-go - ra e não
A
C♯7
C♯7
F♯
C♯
a-lém Uh, iê Me sin-to só Me sin-to só
de-pois
D♯m
B
F♯
C♯
D♯m
B
Me sin-to tão seu Me sin-to tão Me sin-to só E sou teu

B
Bm
𝄌2 4 Bm
Ao 𝄋1
e 𝄌1
A
Voz
Bm
Fa - ço tan - ta coi - sa Pen - san - do no mo - men - to de te
D
ver A mi - nha ca - sa sem vo - cê é tris - te A es -
A
-pe - ra ar - de sem me a - que - cer Não di - ga que vo - cê não vol - ta
Bm
D
Eu não vou con - se - guir dor - mir À noi - te eu que - ro des - can - sar Sa -
A
C♯7
ir à to - a por a - í
Ao 𝄋2
c/ rep.
e 𝄌2
𝄌2
Bm
Ao 𝄋3
e 𝄌3
𝄌3
A
Que cul - pa a gen - te
Ao 𝄋4
e 𝄌4
𝄌4
Bm
Ao 𝄋5
e Fim

Revoluções por minuto

PAULO RICARDO e
LUIZ SCHIAVON

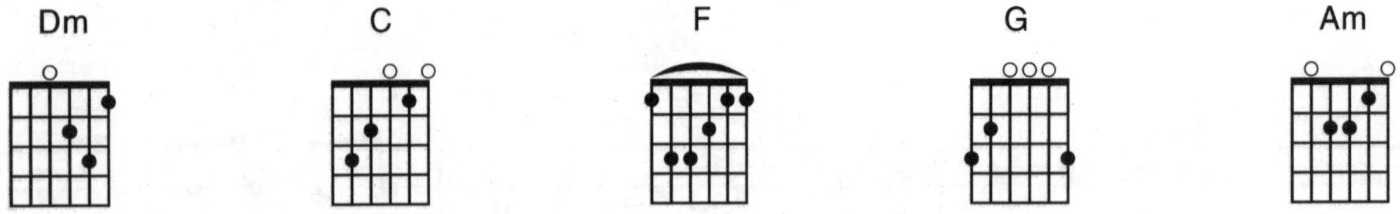

Introdução (3Xs): **Dm C**

Dm
Sinais de vida no país vizinho

Eu já não ando mais sozinho

C
Toca o telefone

Dm
Chega um telegrama, enfim

Ouvimos qualquer coisa de Brasília

Rumores falam em guerrilha

C
Foto no jornal

Cadeia nacional, ô

Instrumental: **Dm C Dm C**

Dm
Viola o canto ingênuo do caboclo

Caiu o santo do pau oco

C
Foge pro riacho

Dm
Foge que eu te acho, sim

Fulano se atirou da ponte aérea

Não agüentou fila de espera

C
Apertar os cintos

Preparar pra descolar

Instrumental: **Dm C Dm C**
F G Am G F G Am G
F G Am G F G Am G F G
Dm C Dm C

Dm
Nos chegam gritos da ilha do norte

Ensaios pra dança da morte

C
Tem disco pirata

Dm
Tem vídeo cassete, até

Agora a China bebe Coca-Cola

Aqui na esquina cheiram cola

C
Biodegradante

Dm
Aromatizante, tem

Instrumental fade out: **Dm C**

Dm
Voz
Si - nais de vi - da no pa - ís vi - zi - nho Eu já não an - -do mais so - zi - nho
fim Ou - vi - mos qual - quer coi - sa de Bra - sí - lia Ru - mo - res fa - -lam em guer - ri - lha
Vi - o - la o can - to in - gê - nuo do ca - bo - clo Ca - iu o san - -to do pau o - co
sim Fu - la - no se a - ti - rou da pon - te a - é - rea Não a - güen - tou - fi - la de es - pe - ra
Nos che - gam gri - tos da i - lha do nor - te En - sai - os pra - dan - ça da mor - te
-té A - go - ra a Chi - na be - be Co - ca - Co - la A - qui na es - qui - -na chei - ram co - la
C
1. 3
1.
To - ca o te - le - fo - ne Che - ga um te - le - gra - ma en -
Fo - ge pro ri - a - cho Fo - ge que eu te a - cho,
Tem dis - co pi - ra - ta Tem ví - deo cas - se - te a -
C
2.
Fo-to no jor-nal Ca - dei-a na-cio-nal, ô
Ao 𝄋 1 c/ rep. e 1
1 C
A-per-tar os cin-tos Pre-pa-rar pra des-co-lar
Ao 𝄋 2 c/ rep. e 2
2 C
5X
F F G Am Am G F G
1., 4.
5.
Ao 𝄋 3 c/ rep. e 3
3 C
Dm
Bi - o - de - gra - dan - te A - ro - ma - ti - zan - te, tem
Sintetizador
Dm
Sintetizador
Fade out

Como eu quero

LEONI e
PAULA TOLLER

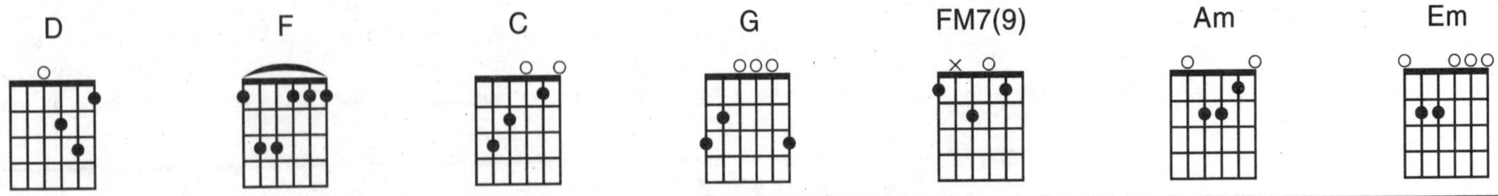

Introdução: **Dm F C G Dm F C FM7(9)**

C **G**
Diz pra eu ficar muda, faz cara de mistério
Am **F**
Tira essa bermuda que eu quero você sério
C **G**
Tramas do sucesso, mundo particular
Am **F**
Solos de guitarra não vão me conquistar

REFRÃO:

Am **Em** **F**
Uh! Eu quero você como eu que_ro
Am **Em** **F**
Uh! Eu quero você como eu que_ro

C **G**
O que você precisa é de um retoque total
Am **F**
Vou transformar o seu rascunho em arte final
C **G**
Agora não tem jeito, "cê" tá numa cilada
Am **F**
Cada um por si, você por mim e mais nada

Refrão

Dm **F**
Longe do meu domínio
C **G**
"Cê" vai de mal a pior
Dm **F**
Vem que eu te ensino
FM7(9)
Como ser bem melhor
Dm **F**
Longe do meu domínio
C **G**
"Cê" vai de mal a pior
Dm **F**
Vem que eu te ensino
FM7(9)
Como ser bem melhor
Dm **F**
Vem que eu te ensino
FM7(9) **Dm**
Como ser bem melhor

Diz pra eu ficar muda, faz cara de mistério *(etc.)*

Refrão fade out

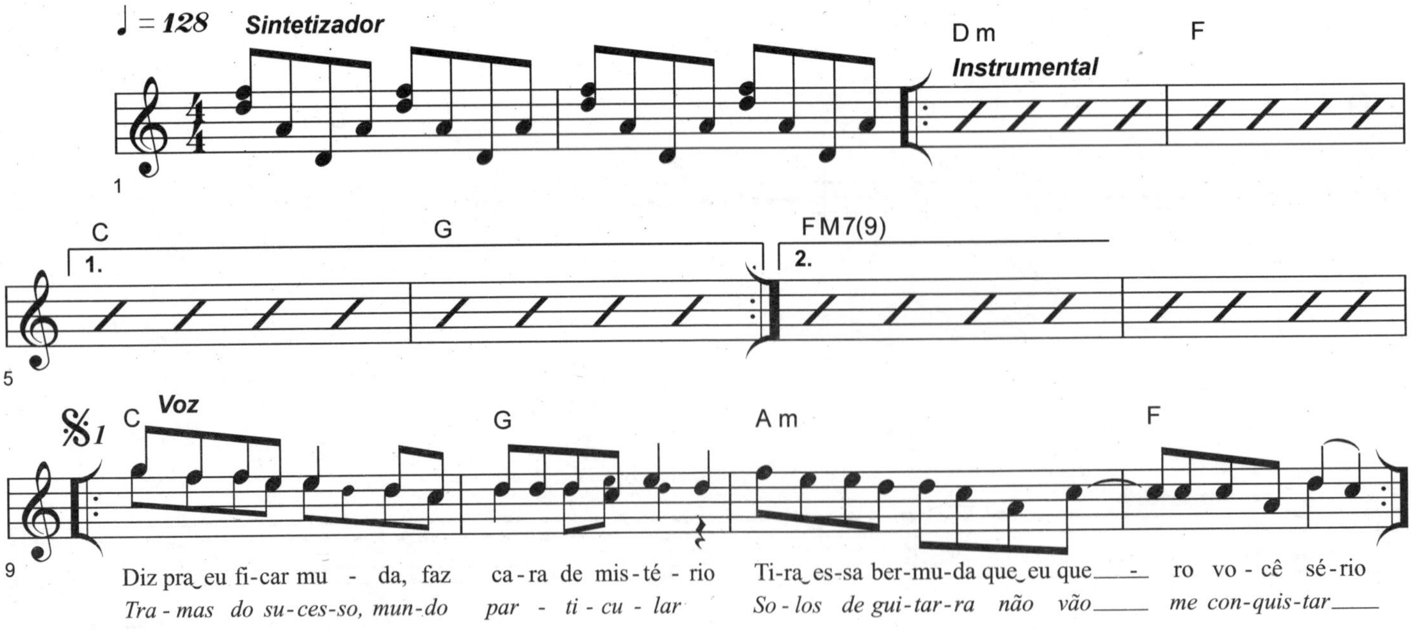

Am Em F 1. 2. C
Uh! Eu que-ro vo-cê co-mo eu que- ro
Fade out p/ Fim
O que vo-cê pre-ci-sa é de um re-
G Am F C G
-to-que to-tal Vou trans-for-mar o seu ras-cu-nho em ar-te fi-nal A - go-ra não tem jei-to, "cê" tá nu-ma ci-la-da
Am F Am Em
Ca-da um por si, vo-cê por mim e mais na-da Uh! Eu que-ro vo-cê co-mo eu que-
F Dm F C G
-ro Lon-ge do meu do-mí- nio "Cê" vai de mal a pi-or
Dm F FM7(9) 1. FM7(9) 2.
Vem que eu te en - si - no Co-mo ser bem me-lhor bem me-lhor
Sintetizador N.C.
Ao 1 c/ rep. e
Dm F C G
Lon - ge do meu do - mí - nio "Cê" vai de mal a pi - or
Dm F FM7(9) 1. FM7(9) 2.
Vem que eu te en - si - no Co-mo ser bem me-lhor bem me-lhor
Ao 2 e Fim

Rebelde sem causa

ROGER

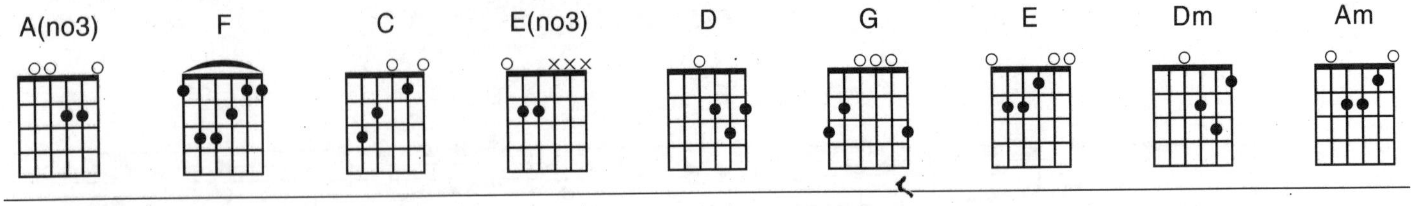

A(no3)
F
C
E(no3)
D
G
E
Dm
Am

Introdução (2Xs): **A(no3) F C E(no3)**

A(no3) **F**
Meus dois pais me tra_tam muito bem

C **E(no3)**
O que é que você tem que não fala com ninguém?

A(no3) **F**
Meus dois pais me dão muito carinho

C **E(no3)**
Então por quê você se sente sempre tão sozinho?

A(no3) **F**
Meus dois pais me compreendem totalmente

C **E(no3)**
Como é que "cê" se sente? Desabafa aqui com a gente

A(no3) **F**
Meus dois pais me dão apoio moral

C **E(no3)**
Não dá pra ser legal, só pode ficar mal

BIS {

A(no3) **F**
Ma ma ma, ma ma ma ma

C **E(no3)**
Pa pa pa pa, pa pa pa pa

}

D **F**
Minha mãe até me deu essa guitarra

C **G**
Ela acha bom que o filho caia na farra

D **F**
E o meu carro, foi meu pai que me deu

C **G**
"Filho homem tem que ter um carro seu"

D **F**
Fazem questão que eu só ande produzido

C **G**
Se orgulham de ter um filhinho tão bonito

D **F**
Me dão dinheiro pra eu gastar com a mulherada

C **E**
Eu realmente não preciso mais de nada

Instrumental (4Xs): **A(no3) F C E(no3)**

Dm **Am**
Meus pais não querem

C **G**
Que eu fique legal

Dm **Am**
Meus pais não querem

C **E**
Que eu seja um cara normal

BIS {

A(no3) **F**
Não vai dar, assim não vai dar

C
Como é que eu vou crescer

E(no3)
Sem ter com quem me revoltar?

A(no3) **F**
Não vai dar, assim não vai dar

C
Pra eu amadurecer

E(no3)
Sem ter com quem me rebelar

}

A(no3) **F**
Ma ma ma, ma ma ma ma

C **E(no3)**
Pa pa pa pa, pa pa pa pa

A(no3) **F**
Ma ma ma ma, ma ma ma ma ma

C **E(no3)**
Pa pa pa pa, pa pa pa pa

A(add9) **F**
Ma ma ma ma, ma ma ma ma ma

C **E(no3)**
Pa pa pa pa, pa pa pa pa

A(add9) **F**
Ma ma ma, ma ma ma ma ma ma ma

C **E(no3)**
Pa pa pa pa, pa pa pa pa

A(no3) **F**
Não vai dar, assim não vai dar

C
Como é que eu vou crescer

E(no3)
Sem ter com quem me revoltar?

A(no3) **F**
Não vai dar, assim não vai dar

C
Pra eu amadurecer

E(no3)
Sem ter com quem me rebelar

A(no3) **F**
Ma ma ma ma ma ma, ma ma ma ma ma ma

C **E(no3)**
Pa pa pa pa, pa pa pa pa

A(no3) **F**
Ma ma ma ma ma ma ma ma, ma ma ma ma ma ma

C **E(no3)** **A(no3)** **F** **C** **E(no3)**
Pa pa pa pa, pa pa pa pa ma ma, ma, pa pa, pa

Instrumental fade out: **A(no3) F C E(no3)**

♩ = 176
N.C.
Guitarra
A (no3) F C E (no3)
Voz
Meus dois pais me tra - tam mui - to bem O que é que vo - cê tem que não fa - la com nin - guém?
Meus dois pais me dão mui - to ca - ri - nho En - tão por quê vo - cê se sen - te sem - pre tão so - zi - nho?
Meus dois pais me com - pre - en - dem to - tal - men - te Co - mo é que "cê" se sen - te? De - sa - ba - fa a - qui com a gen - te
Meus dois pais me dão a - poi - o mo - ral Não dá pra ser le - gal, só po - de fi - car mal
Ma ma ma, ma ma ma ma Pa pa pa pa, pa pa pa pa

D F C G
29
Mi-nha mãe a-té me deu es-sa gui-tar-ra E-la a-cha bom que o fi-lho cai-a na far-ra
D F C G
33
E o meu car-ro, foi meu pai que me deu "Fi-lho ho-mem tem que ter um car-ro seu"
D F C G
37
Fa-zem ques-tão que eu só an-de pro-du-zi-do Se or-gu-lham de ter um fi-lhi-nho tão bo-ni-to
D F C E
41
Me dão di-nhei-ro pra eu gas-tar com a mu-lhe-ra-da Eu re-al-men-te não pre-ci-so mais de na-da (a a a a)
A(no3) F C E(no3) A(no3) F C
Guitarra
46
E(no3) A(no3) F C E(no3)
53
Dm Am C G Dm
Voz
58
Meus pais não que-rem Que eu fi-que le-gal Meus pais não
Am C E
63
que-rem Que eu se-ja um ca-ra nor-mal

A(no3) F C E(no3)
67
Não vai dar, as-sim não vai dar Co - mo_é que_eu vou cres-cer Sem ter com quem me re-vol-tar?
A(no3) F C E(no3) A(no3) F
71
Não vai dar, as-sim não vai dar Pra_eu a-ma-du-re-cer Sem ter com quem me re-be-lar Ma ma ma, ma ma ma ma
C E(no3) A(no3) F E(no3)
1. 2.
77
Pa pa pa pa, pa pa pa pa Ma ma ma ma, ma ma ma ma ma pa pa pa Ma
A(no3) F C E(no3) A(no3) E(no3)
1. 2.
82
ma ma ma, ma ma ma ma ma Pa pa pa pa, pa pa pa pa Ma ma ma, ma ma ma ma pa pa pa
A(no3) F C E(no3)
1.
88
Não vai dar, as-sim não vai dar Co - mo_é que_eu vou cres-cer Sem ter com quem me re-vol-tar?
Pra_eu a - ma - du - re - cer Sem ter com
E(no3) A(no3) F
2.
92
quem me re - be - lar Ma ma ma ma ma ma, ma ma ma ma ma ma
C E(no3) A(no3) F E(no3)
1. 2.
95
Pa pa pa pa, pa pa pa pa Ma ma ma ma ma ma ma ma, ma ma ma ma ma ma pa pa pa Ma
Rep. ad libitum
A(no3) F C E(no3) A(no3) F C E(no3)
Instrumental
100
ma, ma Pa pa, pa
Fade out

Encontrar alguém

ROGÉRIO FLAUSINO, MARCO TÚLIO,
PAULINHO FONSECA,
PAULO DINIZ e MÁRCIO BUZELIN

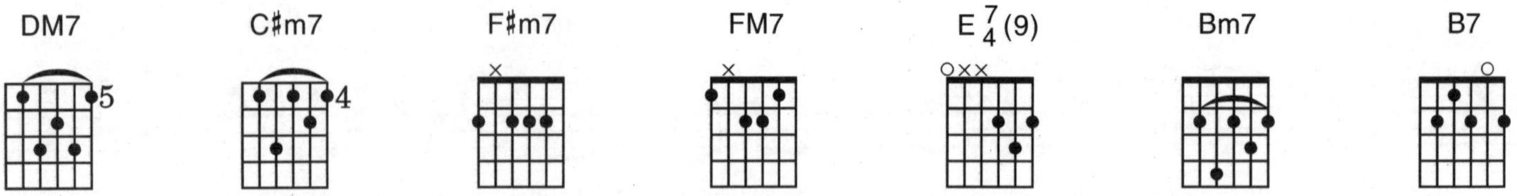

Introdução: ***DM7 C♯m7 F♯m7 (3Xs)***
FM7 E7 4(9)

REFRÃO:

DM7 C♯m7 F♯m7
Encontrar alguém
DM7 C♯m7 F♯m7
Encontrar alguém
DM7 C♯m7 F♯m7
Encontrar alguém
FM7
Que me dê amor
E7 4(9)
Ô, ô

F♯m7
Da esquina eu vi o brilho dos teus olhos
Bm7
Tua vontade de morrer de rir
F♯m7
Teus cabelos tentaram esconder
Bm7
Mas vi tua boca feliz
F♯m7
Tua alma leve como as fadas
Bm7
Que bailavam no teu peito
F♯m7
Tua pele clara como a paz
Bm7
Que exis__te em todo sonho bom

F♯m7 Bm7
Eu quis matar os seus desejos
F♯m7 Bm7 F♯m7
E ver a cor dos teus segredos, baby
B7
E contar pra todo mundo
F♯m7 E7 4(9)
O beijo que eu nunca esqueci

Refrão

Da esquina eu vejo o brilho dos teus olhos *(etc.)*

Refrão (2Xs)

Introdução

Refrão (fade out)

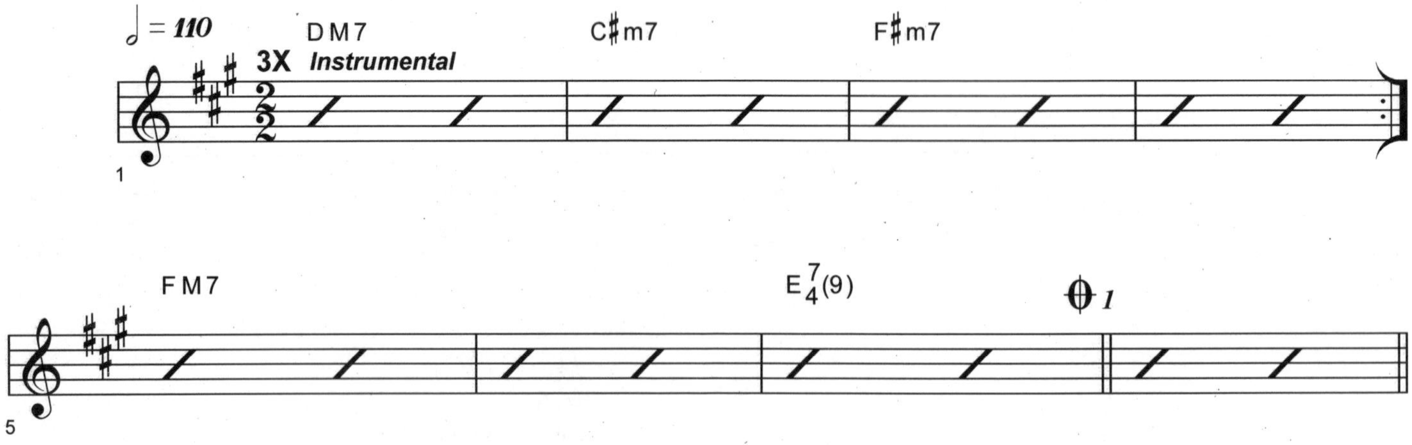

𝄋 1
Voz
D M7 C♯m7 F♯m7 D M7
En - con - trar al - guém En - con -
C♯m7 F♯m7 D M7 C♯m7 F♯m7
-trar al - guém En - con - trar al - guém
F M7 E7/4(9)
Que me dê a - mor Ô, ô
F♯m7 B m7
Da es - qui - na eu vi o bri - lho dos teus o - lhos Tu - a von - ta - de de mor - rer de rir
F♯m7 B m7
Teus ca - be - los ten - ta - ram es - con - der Mas vi tu - a bo - ca fe - liz
F♯m7 B m7
Tua al - ma le - ve co - mo as fa - das Que bai - la - vam no teu pei - to
F♯m7 B m7 F♯m7
Tua pe - le cla - ra co - mo a paz Que e - xis - te em to - do so - nho bom
B m7 F♯m7
Eu quis ma - tar os seus de - se - jos

B m7
46
E ver a cor dos teus se - gre - dos, ba -
F♯m7
B 7
49
-by E con - tar pra to - do mun - do O
F♯m7
E 7/4(9)
53
bei - jo que eu nun - ca es - que - ci
Ao 𝄋 1
𝄋 2
D M7
C♯m7
F♯m7
Voz
57
En - con - trar al - guém
D M7
C♯m7
F♯m7
61
En - con - trar al - guém
D M7
C♯m7
F♯m7
65
En - con - trar al - guém Que me dê a - mor
F M7
E 7/4(9)
69
Ô, ô
D. C. c/ rep. e 𝄌
Fade out p/ Fim
𝄌 1
E 7/4(9)
73
Ao 𝄋 2 e Fim

Ouro de tolo

RAUL SEIXAS

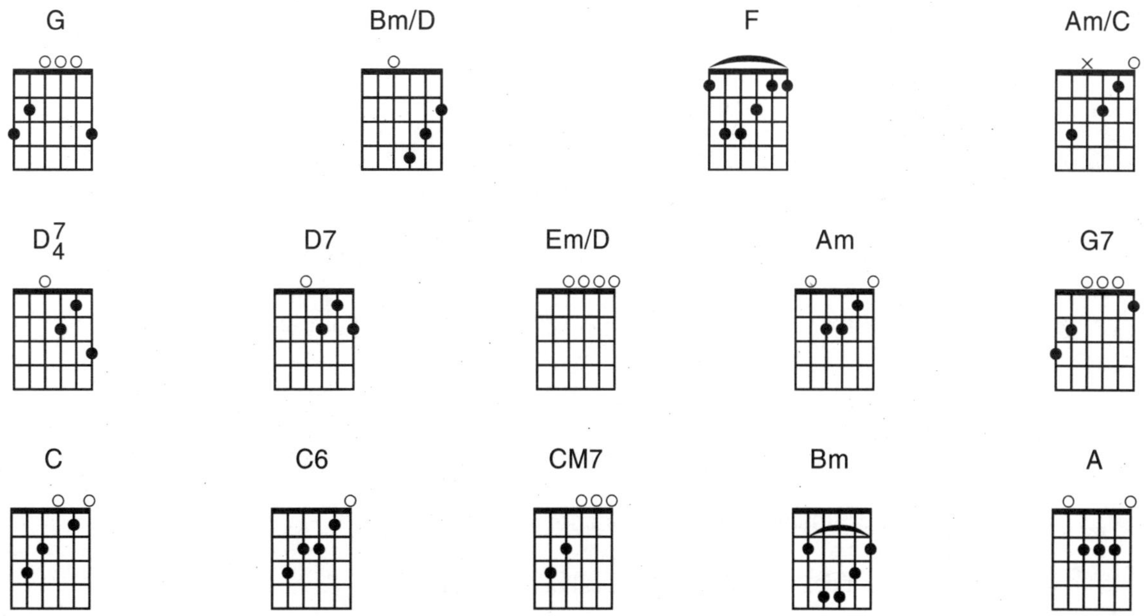

Introdução: **G Bm/D G Bm/D F Am/C D7 4 D7**

G Em/D G
Eu devia estar contente porque eu tenho um emprego
Em/D G Em/D Am
Sou o dito cidadão respeitável e ganho quatro mil cruzeiros por mês
D7
E devia agradecer ao Senhor por ter tido sucesso na vida como artista
G
Eu devia estar feliz porque consegui comprar um Corcel 73

Em/D G
Eu devia estar alegre e satisfeito por morar em Ipane_ma
Em/D G Em/D Am
Depois de ter passado fome por dois anos aqui na Cidade Maravilhosa
D7
Ah! Eu devia estar sorrindo e orgulhoso por ter finalmente vencido na vida
G Em/D G7
Mas eu acho isto uma grande piada e um tanto quanto perigosa

C C6
Eu devia estar contente por ter conseguido tudo que eu quis

CM7 Bm
Mas confesso abestalhado que estou decepcionado

C C6
Porque foi tão fácil conseguir, agora eu me pergunto, e daí?

A
Eu tenho uma porção de coisas grandes pra conquistar

D7 G F D7
E eu não posso ficar aí parado

G Em/D G
Eu devia estar feliz pelo Senhor ter me concedido

Em/D G Em/D Am
O domingo pra ir com a família no Jardim Zoológico dar pipoca aos macacos

D7
Ah! Mas que sujeito chato sou eu que não acha nada engraçado:

G
Macaco, praia, carro, jornal, tobogã... Eu acho tudo isso um saco

G Em/D G Em/D
É você olhar no espelho, se sentir um grandessíssimo idiota

G Em/D
Saber que é humano, ridículo, limitado

Am
E que só usa dez por cento de sua cabeça animal

D7
E você ainda acredita que é um doutor, padre ou policial

G Em/D G7
E que está contribuindo com sua parte para o nosso belo quadro social

C C6
Eu é que não me sento no trono de um apartamento

CM7 Bm
Com a boca escancarada cheia de dentes, esperando a morte chegar

C C6
Porque longe das cercas embandeiradas que separam quintais

A D7 G G7
No cume calmo do meu olho que vê, assenta a sombra sonora dum disco voador

C
Eu é que não me sento no trono de um apartamento

Bm
Com a boca escancarada cheia de dentes, esperando a morte chegar

C
Porque longe das cercas embandeiradas que separam quintais

A D7 G
No cume calmo do meu olho que vê assenta a sombra sonora dum disco voador

Partitura: relação dos
compassos com a letra.

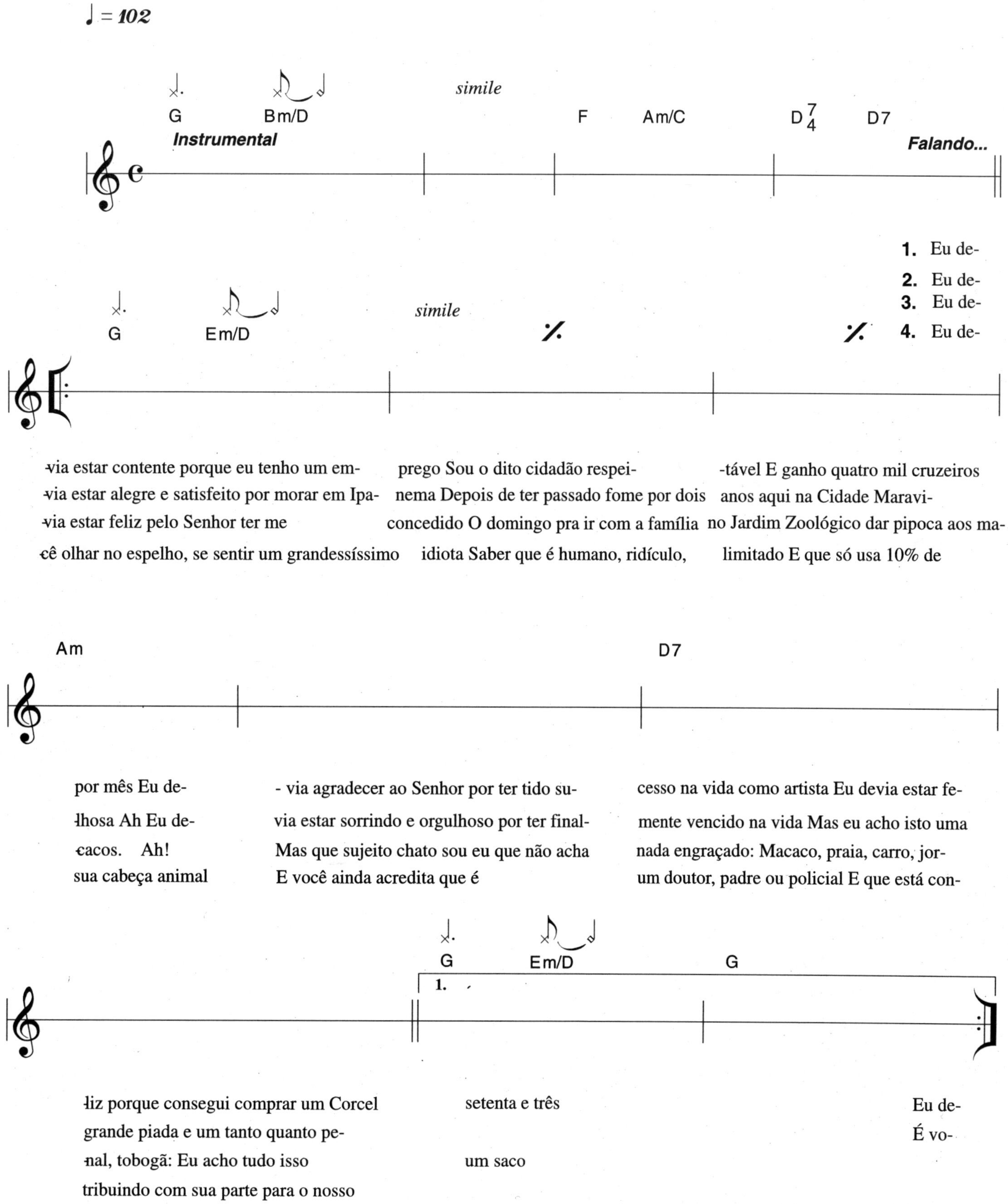
♩ = 102
simile
G Bm/D F Am/C D7/4 D7
Instrumental
Falando...
1. Eu de-
2. Eu de-
3. Eu de-
4. Eu de-
simile
G Em/D
-via estar contente porque eu tenho um em- prego Sou o dito cidadão respei- -tável E ganho quatro mil cruzeiros
-via estar alegre e satisfeito por morar em Ipa- nema Depois de ter passado fome por dois anos aqui na Cidade Maravi-
-via estar feliz pelo Senhor ter me concedido O domingo pra ir com a família no Jardim Zoológico dar pipoca aos ma-
-cê olhar no espelho, se sentir um grandessíssimo idiota Saber que é humano, ridículo, limitado E que só usa 10% de
Am D7
por mês Eu de- - via agradecer ao Senhor por ter tido su- cesso na vida como artista Eu devia estar fe-
-lhosa Ah Eu de- via estar sorrindo e orgulhoso por ter final- mente vencido na vida Mas eu acho isto uma
-cacos. Ah! Mas que sujeito chato sou eu que não acha nada engraçado: Macaco, praia, carro, jor-
sua cabeça animal E você ainda acredita que é um doutor, padre ou policial E que está con-
G Em/D G
1.
-liz porque consegui comprar um Corcel setenta e três Eu de-
grande piada e um tanto quanto pe- É vo-
-nal, tobogã: Eu acho tudo isso um saco
tribuindo com sua parte para o nosso

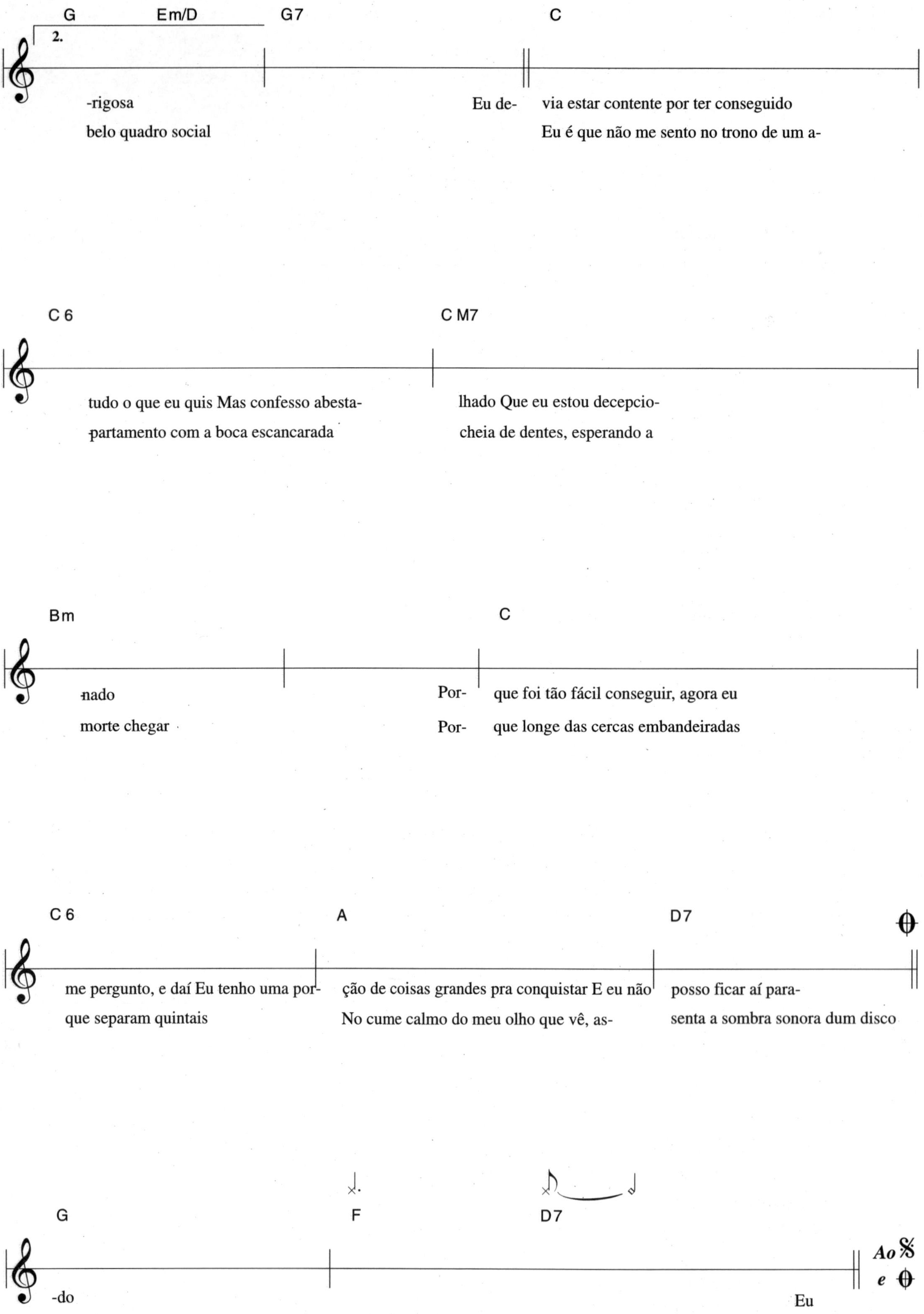
G Em/D G7 C
2.
-rigosa
belo quadro social
Eu de- via estar contente por ter conseguido
Eu é que não me sento no trono de um a-
C 6 C M7
tudo o que eu quis Mas confesso abesta- lhado Que eu estou decepcio-
partamento com a boca escancarada cheia de dentes, esperando a
Bm C
nado
morte chegar
Por- que foi tão fácil conseguir, agora eu
Por- que longe das cercas embandeiradas
C 6 A D7
me pergunto, e daí Eu tenho uma por- ção de coisas grandes pra conquistar E eu não posso ficar aí para-
que separam quintais No cume calmo do meu olho que vê, as- senta a sombra sonora dum disco
G F D7
-do
Eu
Ao
e

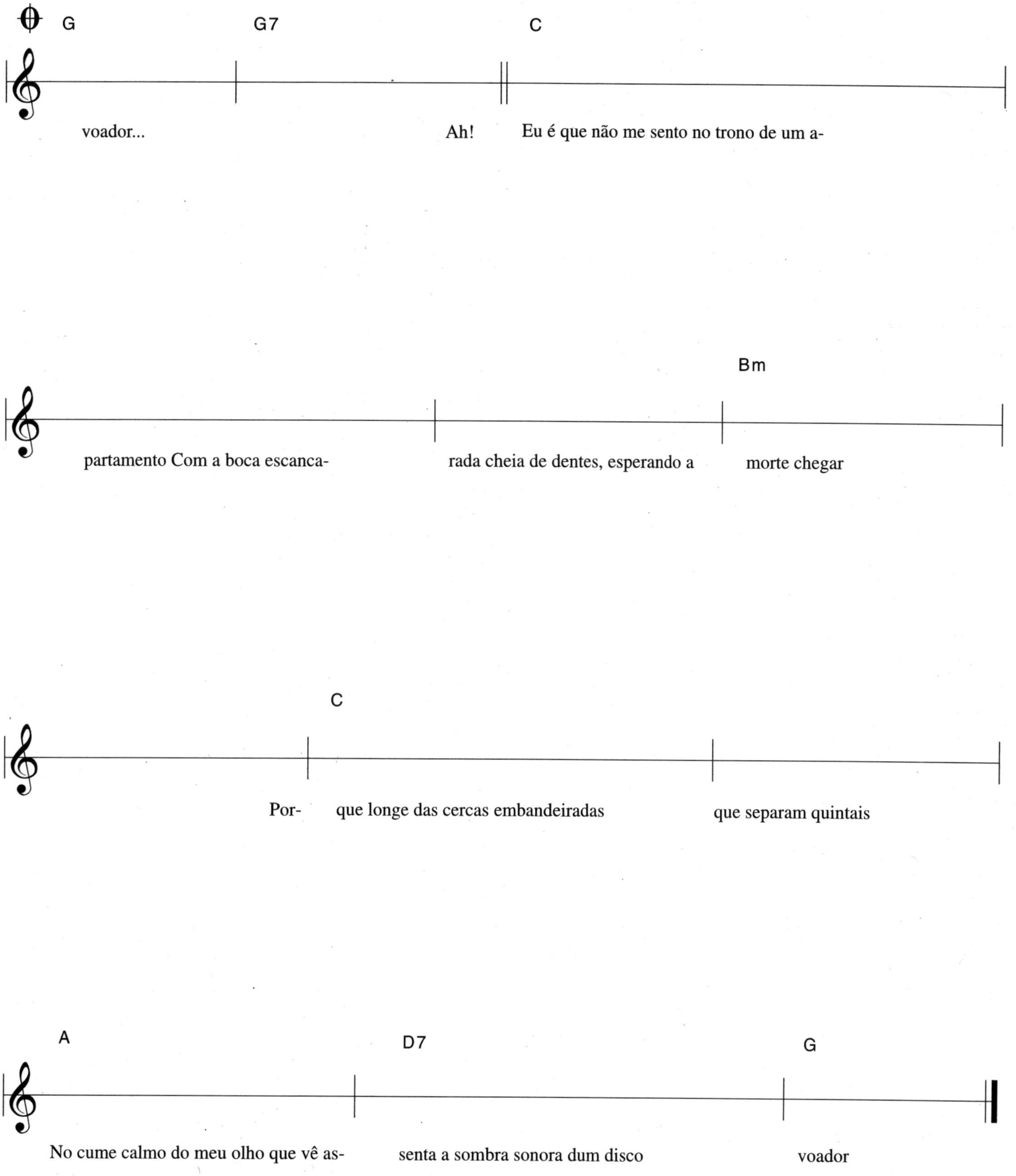
G
G7
C
voador...
Ah!
Eu é que não me sento no trono de um a-
Bm
partamento Com a boca escanca-
rada cheia de dentes, esperando a
morte chegar
C
Por-
que longe das cercas embandeiradas
que separam quintais
A
D7
G
No cume calmo do meu olho que vê as-
senta a sombra sonora dum disco
voador

IMPRESSO EM
JANEIRO/2010

Este livro foi impresso por
MG3 Gráfica - Campinas – SP
Com filmes fornecidos pelo editor.

O MELHOR DO

Rock Brasil

Volume II

Produzido por
Luciano Alves e Silvio Essinger

Melodias cifradas para
guitarra, violão e teclados

Nº Cat: 293 - A

Irmãos Vitale S/A Indústria e Comércio
www.vitale.com.br
Rua França Pinto, 42 - Vila Mariana - São Paulo
CEP 04016-000 - Fone: 11 5081-9499 - Fax: 11 5574-7388

Dados Internacionais de Catalogação na Publicação (CIP)
(Câmara Brasileira do Livro, SP, Brasil)

O Melhor do Rock Brasil : volume II : melodias cifradas para guitarra, violão e teclados / produzido por Luciano Alves, Silvio Essinger. -- São Paulo : Irmãos Vitale, 2002.
1. Rock 2. Rock - Brasil 3. Guitarra - Música 4. Violão - Música 5. Teclado - Música I. Alves, Luciano. II. Essinger, Silvio

02-0957 ISBN 85-7407-146-3 ISBN 978-85-7407-146-6 CDD-781.66

Índices para catálogo sistemático:

1. Música rock 781.66
2. Rock : Música popular 781.66

CRÉDITOS

Produção geral e editoração de partituras
LUCIANO ALVES

Seleção de repertório
SILVIO ESSINGER

Transcrições das músicas
ALESSANDRO VALENTE E HELVÉCIO PARENTE

Revisão musical
CLAUDIO HODNIK

Revisão de texto
MARIA HELENA GUIMARÃES PEREIRA

Projeto gráfico e capa
MARCIA FIALHO

Gerente de projeto
DENISE BORGES

Produção executiva
FERNANDO VITALE